Le conflit d'intérêts chez les avocats

BIBLIOTHÈQUES DE DROIT

COLLECTION FONDÉE ET DIRIGÉE PAR JEAN-PAUL CÉRÉ

Cette collection a pour vocation d'assurer la diffusion d'ouvrages scientifiques sur des thèmes d'actualité ou sur des sujets peu explorés dans le domaine des sciences juridiques. Elle se destine notamment à la publication de travaux de jeunes chercheurs.

Dernières parutions :

N. BRONZO, Propriété intellectuelle et droits fondamentaux

I. MANSUY, La protection des droits des détenus en France et en Allemagne

E. LIDDELL, La justice pénale américaine de nos jours

E. DUBOURG, Aménager la fin de peine

B. LAPEROU-SCHENEIDER (dir.), Le nouveau droit de la récidive

V. GOUSSE, La libération conditionnelle à l'épreuve de la pratique

I. BOEV, Introduction au droit européen des minorités

E. GALLARDO, Le statut du mineur détenu

M. VERICEL (dir.), Les juridictions et juges de proximité

A. MORICE et N. D'HERVE, Justice de sûreté et gestion des risques

C. BELLARD, Les crimes au féminin

W. BUIRON, Droits des patients en fin de vie et pouvoir médical

V. DA SILVA, Réussir son cas pratique en droit de la responsabilité

J.P. CÉRÉ, Droit disciplinaire pénitentiaire

BIBLIOTHÈQUE DE *DROIT CIVIL*

Nelly NOTO-JAFFEUX

LE CONFLIT D'INTERETS CHEZ LES AVOCATS

Préface de Joël Moret-Bailly

L'Harmattan

Du même auteur

Les acteurs de la justice de proximité, in dir. M. Zwickel et R. Montagnon, *La justice civile de proximité en France et en Allemagne*, Erlangen, JWV éd., 2013.

5-7, rue de l'École-Polytechnique ; 75005 Paris
http://www.harmattan.fr
diffusion.harmattan@wanadoo.fr
harmattan1@wanadoo.fr
ISBN : 978-2-343-03590-1
EAN : 9782343035901

A mon père.

Remerciements

Mes premiers remerciements s'adressent naturellement à M. Le Professeur Joël Moret-Bailly pour son accompagnement précieux dans le cadre de ce mémoire. Sa confiance et sa disponibilité me furent essentielles.

Mais, *in largo*, que les professeurs de la faculté de droit de Saint-Etienne acceptent ma reconnaissance pour toutes ces années durant lesquelles ils m'ont dispensé cette passionnante discipline qu'est le droit, avec une attention particulière pour Mme Marianne Cottin qui a accepté de juger ce travail.

Mes remerciements s'adressent aussi tout particulièrement aux membres de ma promotion de Licence, dont les encouragements unanimes m'ont été précieux, ainsi qu'à mon ami, et membre de cette profession si chère, Maître Grégory Mouy pour sa constante bienveillance.

Un grand merci à Claudia, Edouard, Geneviève, Manue et Audrey pour leur indispensable contribution.

Enfin, j'exprime ma profonde gratitude à ma famille.

Principales abréviations

Art. (al.)	Article (alinéa)
Ass. Plén	Assemblée plénière
CA	Cour d'appel
Cass. civ	Chambre civile de la Cour de cassation
Cass. crim	Chambre criminelle de la Cour de cassation
CCBE.	Conseil consultatif des barreaux européens
C. civ	Code civil
CNB	Conseil national des barreaux
C. pr. civ	Code de procédure civile
C. pr. pén	Code de procédure pénale
Ed	Edition
Gaz. Pal	Gazette du Palais
Infra	Ci-dessous
JO	Journal Officiel
JCP	Jurisclasseur, La semaine juridique
Not	Notamment
P, pp	Page(s)
Préc	Précité
RIN	Règlement intérieur national
RFD adm	Revue française de droit administratif
RTD civ	Revue trimestrielle de droit civil
S	Suivant
Supra	Supra
V	Voir

Préface

Le conflit d'intérêts est une notion à la mode ; celle-ci tend, en effet, à s'intégrer, ou à s'imposer dans nombre de matières ou de questionnements qui ne connaissaient pas le mot, et sans doute même pas la chose, il y a encore une ou deux décennies.

Dans ce contexte, la profession d'avocat a, plus tôt que d'autres, adopté des règles relatives aux conflits d'intérêts, celles-ci étant aujourd'hui essentiellement rassemblées dans le Règlement intérieur national du Conseil national des barreaux.

Cependant, la lecture de ces dispositions (et encore plus leur interprétation par les juridictions) amène immédiatement à prendre conscience que la matière est complexe, voire subtile, tant en ce qui concerne la qualification des hypothèses de conflit qu'en ce qui concerne leur traitement, qui nécessite dès lors une étude détaillée, sérieuse et approfondie.

C'est à un tel travail que s'est livrée Mme Noto-Jaffeux, dans un premier temps dans le cadre de la réalisation d'un mémoire du master 2 Droit et Justice de l'Université Jean Monnet de Saint-Étienne (Université de Lyon), puis dans sa reprise donnant lieu au présent ouvrage.

Ce dernier est organisé autour d'un plan classique (notion - régime), mais dont la justification ne réside pas tant dans son classicisme que dans la nécessité de distinguer deux questions se posant tant théoriquement que pratiquement : l'identification des hypothèses pouvant être qualifiées de conflit d'intérêts ; l'analyse des modalités de leur traitement.

Dans ce contexte, certains développements pourraient paraître éloignés des pratiques, tels ceux consacrés aux valeurs sous-jacentes à la régulation des conflits d'intérêts des avocats. Mais ce serait oublier, d'une part, que l'accord n'est pas (encore ?) fait autour de ces valeurs, d'autre part que celles-ci importent à la qualification même des conflits et revêtent donc de fortes implications pratiques.

Et cette impression est en outre rapidement gommée par d'autres développements qui donnent toute leur place à l'exercice concret de la profession d'avocat, notamment ceux consacrés au « moment » de la naissance possible du conflit.

En bref, cet ouvrage nous paraît présenter un évident intérêt tant pour la construction théorique de la notion de conflit d'intérêts (actuellement en cours en doctrine), qu'en ce qui concerne la mise en œuvre pratique de la notion (notamment en ce qui concerne la mise en œuvre des responsabilités civile et disciplinaire des professionnels), affrontée à un certain nombre de questions qui, pour la plupart d'entre elles, ne connaissent pas de réponse présentée dans un cadre synthétique et heuristique. C'est à une telle lacune que nous semble répondre l'ouvrage de Mme Noto-Jaffeux.

Joël Moret-Bailly,

Professeur de droit privé et sciences criminelles

Université Jean Monnet de Saint-Étienne

Centre de Recherches Critiques sur le Droit (CERCRID) UMR-CNRS 5137

Janvier 2014

« Il n'y a point d'éloges qu'on ne donne à la prudence. Cependant, elle ne saurait nous assurer du moindre évènement. »

Maxime de La Rochefoucauld : Réflexions morales.

Introduction

Lorsqu'il s'est agi de dégager, parmi les sujets proposés, celui qui constituerait un thème d'actualité suscitant des débats intenses, tout en se situant dans un domaine où le justiciable est le premier acteur concerné, le choix du « conflit d'intérêts chez les avocats » s'est rapidement imposé.

L'avocat est le lien entre l'intérêt des parties et le droit. D'une part, toute personne qui entend user de son droit d'action en justice songera à s'enquérir d'un avocat, acteur privilégié pour « défendre le public »[1], d'autre part, à l'aune d'une société où le « marché » prend une importance croissante, l'avocat est devenu l'allié indispensable de toutes les personnes morales à but économique. En effet, « qu'est-ce que le juge ? La voix du Souverain. Qu'est-ce que l'avocat ? La voix de la Nation »[2].

Or, à l'image du concept de théorie de l'action en justice de Messieurs Vizioz et Motulsky où le droit d'action porte le droit substantiel que le justiciable souhaite faire valoir, l'avocat demeure le guide -ou expert- indispensable à l'intérêt des parties pour cheminer dans les arcanes complexes du droit : il est « une personne ressource, un recours et un secours muni d'une capacité d'action faite d'un savoir juridique et garantie par des qualités morales attestées par la foi du serment qui l'engage dans la société et que ses pairs veilleront à faire respecter »[3].

---

[1] KARPIK (L.), *Les avocats. Entre l'état, le public et le marché, XIIIe – XXe siècle*, Paris, Gallimard, Bibliothèque des sciences humaines, 1995.

[2] ASSIER-ANDRIEU (L.), *Les avocats : Identité, culture et devenir*. Essai, Lextenso 2011, p. 122.

[3] ASSIER-ANDRIEU (L.), *Les avocats : Identité, culture et devenir*. Essai, Lextenso 2011, p. 60.

Dans l'intérêt de la Justice et du justiciable, tout avocat, avant d'épouser sa carrière, devra préalablement prêter serment en ces termes : « Je jure, comme avocat, d'exercer mes fonctions avec dignité, conscience, indépendance, probité et humanité »[4]. Par ailleurs, l'avocat « respecte les principes d'honneur, de loyauté, de désintéressement, de confraternité, de délicatesse, de modération et de courtoisie (…) [et] fait preuve, à l'égard de ses clients, de compétence, de dévouement, de diligence et de prudence »[5].

En effet, les valeurs de l'avocat comprennent des principes, des devoirs et des obligations qui « doivent guider les avocats en toutes circonstances, non seulement dans la vie professionnelle, mais également dans la vie privée »[6]. Or, bien que ces valeurs ne paraissent revêtir qu'une dimension morale, elles n'en constituent pas moins le corollaire du statut de l'avocat, la source de ses devoirs.

Cette déclinaison des principes essentiels de la profession émane de la tradition du barreau et constitue les règles déontologiques de la profession d'avocat, dont la définition est la suivante : « Les déontologies constituent, *in fine*, tout à la fois un instrument de contrôle des institutions professionnelles sur leurs membres, notamment par le biais de la discipline et du contrôle des contrats professionnels, mais également des instruments de l'indépendance des professionnels vis-à-vis de leurs interlocuteurs, professionnels ou non »[7].

En effet, tout manquement à ces principes constituera une faute déontologique justifiant une poursuite disciplinaire[8], mais

---

[4] Art. 3 de la Loi n° 70-1130 du 31 décembre 1971, modifié par Loi n° 90-1259 du 31 décembre 1990 art. 2, art. 67 (JORF 5 janvier 1991 en vigueur le 1er janvier 1992).

[5] Art. 1-3 du RIN, adopté par une décision normative n° 2005-003 du CNB.

[6] ADER (H.), DAMIEN (A.), *Règles de la profession d'avocats*, Dalloz 2012, Collection Dalloz-Action, n° 30.11, p. 239.

[7] MORET-BAILLY (J.), Déontologie, *Dictionnaire de la Justice*, 2012.

[8] Art. 183 du décret n° 91-1197 du 27 novembre 1991.

aussi passible de l'allocation de dommages et intérêts fondée sur la responsabilité civile[9].

Il est donc nécessaire qu'une institution puisse garantir l'indépendance des avocats, tout en contrôlant le respect des « principes essentiels » de la profession. En effet, la liberté, valeur commune des avocats est véhiculée par l'institution à laquelle ils appartiennent : l'ordre des avocats. Mais cette liberté ne peut qu'être « défendue sous tous ses aspects : celle du client, celle de l'avocat, celle de l'ordre, celle de la nation »[10].

Sujet de prédilection de la presse actuelle, la question des conflits d'intérêts est prégnante dans notre société car elle met en cause « aussi bien notre morale que nos peurs, la première à l'épreuve des secondes »[11].

L'affaire du Médiator, dans laquelle les mots « corruption » et « conflits d'intérêts » ont résonné tel un carillon incessant, constitue une illustration topique en la matière. Mais on ne pourra résister à la tentation de citer l'arrêt de la Cour de cassation[12] qui vient de se déclarer incompétente concernant le dessaisissement du juge Gentil dans l'affaire Bettencourt. Cet arrêt, qui a monopolisé toute la presse en juin 2013, faisait suite à la révélation par les avocats de Nicolas Sarkozy des liens existant entre le juge Gentil et l'un des experts clés du dossier, témoin de mariage des époux Gentil.

Par ailleurs, à la frontière de la place publique mais à l'abri du « politique » -au sens le plus théâtral que ce terme puisse revêtir- le conflit d'intérêts est devenu la préoccupation majeure d'une grande partie de la doctrine ainsi que l'objet d'études de la part de bon nombre de parlementaires : on pense au Rapport du vice-

---

[9] MORET-BAILLY (J.), Cour de cassation, 1ère chambre civile, 23 novembre 2004, n° 03-14763, NP, *Dalloz 2005*, n° 41.

[10] ASSIER-ANDRIEU (L.), *Les avocats : Identité, culture et devenir.* Essai, Lextenso 2011, p. 90.

[11] MOLFESSIS (N.), Conflits d'intérêts : vers un changement de culture, *JCP* Édition Générale, supplément au n° 52, 26 décembre 2011.

[12] Cass. crim, 20 juin 2013, n° 13-84177.

président du Conseil d'Etat J.-M. Sauvé[13] relatif aux situations de conflits d'intérêts dans lesquelles peuvent se trouver notamment les membres du gouvernement, au Rapport du Sénateur J.-J. Hyest[14] relatif aux avocats-parlementaires qui représentent 10% de l'Assemblée nationale, mais aussi à la dernière publication de M. Hirsch : « Les conflits d'intérêts non gérés ruinent la démocratie »[15].

Ce terrain dans lequel évolue le conflit d'intérêts génère un premier a priori sur ce qu'il semble être. Dans le domaine de la santé, on songe à l'intérêt des pouvoirs publics au détriment de la prévention relative à la mise en circulation de « consommables » impropres : médicaments, aliments, etc. Dans le domaine public, la notion renvoie à la prééminence de l'intérêt personnel des représentants de la souveraineté étatique au détriment de l'impartialité, sur le fondement de laquelle se trouve la mission dont la Nation les a investis. L'atmosphère s'alourdit dans les antinomies et le citoyen, esseulé, est alors saisi par un sentiment d'incompréhension, voire d'injustice. En effet, le conflit d'intérêts est « stigmatisé (…) parce qu'on le présume source d'iniquités, facteur de détournements de pouvoir, voire de corruption »[16].

S'agissant de notre objet, c'est donc naturellement que la première idée qui se soit dessinée ait été celle du conflit entre l'intérêt de l'avocat et l'intérêt de ses clients.

Et pourtant !

---

[13] Rapport SAUVE du 26 janvier 2011, Pour une nouvelle déontologie de la vie publique, Commission de réflexion pour la prévention des conflits d'intérêts dans la vie publique, crée par le décret n° 2010-1072 du 10 septembre 2010.

[14] Rapport HYEST du 12 Mai 2011, publié le 26 Mai 2011, Pour une nouvelle déontologie de la vie publique, Commission de réflexion pour la prévention des conflits d'intérêts dans la vie publique : La documentation française, coll. des rapports officiels, octobre 2011.

[15] Hirsch (M.), Les conflits d'intérêts non gérés ruinent la démocratie, JCP Édition Générale, supplément au n° 52, 26 décembre 2011.

[16] MOLFESSIS (N.), Conflits d'intérêts : vers un changement de culture, *JCP* Édition Générale, supplément au n° 52, 26 décembre 2011.

Le conflit d'intérêts mobilise bon nombre de sources normatives : l'article 6 de la convention européenne des droits de l'homme et son droit au procès équitable, tout d'abord, mais aussi le code civil permettant de considérer la responsabilité de l'avocat face à ses obligations, ainsi que le code de procédure civile pour la charge de la preuve et le recours aux voies d'exécution.

Mais le caractère exclusivement déontologique de la règle du conflit d'intérêts a pour conséquence que sa source textuelle la plus importante est sans conteste le Règlement Intérieur National[17] -résultant du décret du 12 juillet 2005[18]- qui constitue le socle de la déontologie commune des avocats, « le législateur [ayant] confié le soin au Conseil national des barreaux d'unifier par voie de dispositions générales les règles et usages de la profession d'avocat »[19].

Composé de six titres, du Code de déontologie des avocats européens[20] et d'annexes, le RIN traite du « conflit d'intérêts » dès son Titre premier intitulé « des principes », et plus précisément dans son article 4 et ses 9 alinéas.

Or, à la lecture du texte, on ne peut que constater que le conflit d'intérêts s'attache exclusivement aux intérêts des parties alors même que les auteurs considèrent le conflit dans une relation triangulaire dans laquelle seraient concernés l'intérêt des clients et celui de l'avocat. La démarche préliminaire s'est donc naturellement portée sur la notion de conflit d'intérêts, les acteurs qu'elle concerne, la manière dont elle les implique, les critères qui la constituent.

En effet, la notion de conflit d'intérêts est très utilisée mais aucune définition n'a été donnée alors même qu'elle constitue une règle déontologique fondamentale. Nous avons tenté d'obtenir les

---

[17] RIN, adopté par une décision normative n° 2005-003 du CNB.

[18] Décret n° 2005-790 du 12 juillet 2005 relatif aux règles de déontologie de la profession d'avocat.

[19] Site du Conseil national des barreaux : http://cnb.avocat.fr/Reglement-Interieur-National-de-la-profession-d-avocat-RIN_a281.html.

[20] Code de déontologie des avocats de l'union européenne : Directive n° 77/249 du 22 mars 1977 tel qu'il résulte des délibérations du CCBE.

travaux préparatoires des lois constituant les prémisses de la notion mais le Conseil national du barreaux ne s'adresse qu'aux avocats. En conséquence, l'interprétation exégétique de l'article 4 du RIN, complétée par les différentes interprétations doctrinales de la notion de « conflit d'intérêts » ainsi que des articles relatifs plus particulièrement au conflit d'intérêts chez les avocats, a constitué la première phase de notre démarche. Constatant très rapidement que peu de doctrine traite de notre objet, la nécessité de se pencher sur l'histoire des avocats en général, sur leurs règles déontologiques en particulier, et sur leur réaction coutumière face aux conflits plus précisément, s'est vite imposée à nous.

Lorsqu'il s'agit de borner les contours d'une notion obscure, l'étude de la jurisprudence, dans son rôle d'uniformité de l'interprétation, constitue une aide indispensable. Cependant, dans notre objet, l'institution de contrôle compétente est le Conseil de l'ordre dont la majeure partie des décisions sont rendues à huis clos et ne sont donc pas publiées. Néanmoins, les contestations relatives aux sanctions rendues par le Conseil nous auront permis d'accéder à un certain nombre de décisions des cours d'appel. Ces décisions se trouvent essentiellement dans la Gazette du Palais qui ne dispose pas d'une base de recherche établie et qui édite de manière chronologique. La méthode de recherche adoptée a donc été celle de rassembler les arrêts cités dans la doctrine puis de s'installer de nombreuses heures dans les rayons bibliothécaires des archives de la Gazette. S'agissant des arrêts de la Cour de cassation, nous avons adopté une méthode traditionnelle de recherche dans laquelle la présence raisonnable de « bruit » a conforté notre avis quant au caractère satisfaisant de la méthode. Enfin, concernant les deux Cours Européennes, force est de constater que nous n'avons pas trouvé d'arrêt relatif à notre objet. Munis de tous ces éléments, nous avons tenté d'appréhender la notion de conflit d'intérêts chez les avocats. (1ère PARTIE).

Par ailleurs, notre objet porte sur une profession au champ d'action éminemment large. Contrairement à la représentation que s'en fait la majeure partie des justiciables, l'avocat n'est pas seulement le défenseur au procès d'Assises. S'agissant de la nature de sa mission, celle-ci s'élargit de plus en plus vers une fonction de

« conciliateur » entre des parties contractantes –vente, contrat de travail, fusion- ou des époux qui souhaitent divorcer, pour les cas plus illustratifs. Or ces missions confrontent des personnes aux intérêts antagonistes, n'est-ce pas là leur premier objet ? Le traitement du conflit d'intérêts ne peut donc que se révéler complexe. Résolu à nous en remettre à l'interprétation jurisprudentielle, celle-ci a malheureusement révélé de nombreuses contradictions, tant vis-à-vis de la téléologie du texte que vis-à-vis de la Justice et de ce qu'on est à même d'attendre d'elle.

Le droit est un régulateur social qui nécessite des moyens de coercition pour être respecté. Or, la prohibition du conflit d'intérêts est une règle déontologique qui s'attache avant tout au statut de l'avocat. Cependant, il nous est apparu absolument primordial de rechercher si *in fine*, le conflit d'intérêts avéré pourrait avoir pour conséquence de dévoyer la mission, le client ne pouvant donc se résoudre à l'accepter puisque qu'elle n'a pas été définie conformément aux règles de droit. Le sujet semble dès sa lecture, prometteur d'une réelle difficulté de traitement. (2ème PARTIE).

1ère PARTIE

NOTION

L'article 4.1 du RIN dispose que « l'avocat ne peut être ni le conseil ni le représentant ou le défenseur de plus d'un client dans une même affaire s'il y a conflit entre les intérêts de ses clients, ou sauf accord des parties, s'il existe un risque sérieux d'un tel conflit ». L'évidence du principe se passe de définition, « il résulte de la nature même de la profession »[21] : l'avocat a l'interdiction d'accepter deux clients ayant des intérêts antagonistes, la règle posant une exception matérialisée par l'accord des parties si les intérêts en présence révèlent un simple risque de conflit.

Toutefois, avant d'énumérer les critères de la notion de conflit d'intérêts (Chapitre 2), il est nécessaire de comprendre ses prémisses chronologiques. (Chapitre 1).

Chapitre 1. Les prémisses de la notion du conflit d'intérêts chez les avocats

On ne peut étudier le fondement de la notion de conflit d'intérêts sans examiner cette notion d'un point de vue historique, car en effet, « pour comprendre le droit présent, c'est une obligation de connaître son passé, car le droit passé est encore, en creux, le droit présent »[22]. (Section 1).

Par ailleurs, les textes se fondent sur un certain nombre de valeurs propres à la profession. Nous aborderons donc ensuite successivement le fondement de la notion (Section 2) et ses sources normatives. (Section 3).

Section 1. L'histoire

D'abord caractérisée par la prévarication (§1), la règle n'a réellement été consacrée qu'au Moyen-Âge. (§2).

---

[21] CA Montpellier, Ass. Plén., 25 Mai 1990, *Gaz. Pal.* 5 Novembre 1990, 308-310, Jurisprudence 12, note R. Martin.

[22] FRISON-ROCHE (M.-A.), Déontologie et discipline, *in Les professions libérales*, collection H. Capitant, LGDG 1998, p. 103.

§ 1. La prévarication en droit romain

Dans les civilisations orientales[23] antiques -Grèce, Egypte-, les avocats sont considérés comme « obscurcissant les causes » des parties.

C'est seulement avec l'émergence de l'Empire Romain que le plaideur put enfin recourir « légalement » à un conseil, sa gratuité étant alors garante de son « désintéressement » et de son « dévouement »[24] .

La fonction de conseil est alors vue comme une fonction civile. D'abord ami, parent du plaideur puis « homme libre » travaillant au service du « *patronus*, riche propriétaire de la villa gallo-romaine »[25], l'avocat est ensuite sollicité pour « aider » le plaideur au procès. Il devient le lien fondamental entre l'intérêt des parties et le droit.

Or, la question se posait déjà de savoir si cette aide, devenue précieuse lorsque survenait un litige, pouvait ou non être apportée aux parties adverses, et cela simultanément ou successivement. Le droit Romain tranchera en estimant qu' « être successivement le conseil de parties adverses est constitutif d'une prévarication »[26].

En effet, bien que peu[27] d'auteurs aient étudié le conflit d'intérêts d'un point de vue historique, ils sont unanimes à considérer que la prévarication caractérisait à l'origine la notion de conflit d'intérêts.

« Du latin *praevaricatio*, prévarication, dérivé de *praevaricare*, transgresser, désobéir à, pécher » la prévarication est en effet, le

---

[23] ASSIER-ANDRIEU (L.), *Les avocats : Identité, culture et devenir*. Essai, Lextenso 2011, p. 81 et s.

[24] Loi Cincia, 204 avant J-C.

[25] ADER (H.), DAMIEN (A.), *Règles de la profession d'avocats*, Dalloz 2012, Collection Dalloz-Action, n° 04.41 p. 20.

[26] ADER (H.), DAMIEN (A.), *Règles de la profession d'avocats*, Dalloz 2012, Collection Dalloz-action, n° 38.14 p. 344.

[27] ADER (H.), DAMIEN (A.), *Règles de la profession d'avocats*, Dalloz 2012 ; ARRUE (J.-F.), Contradiction d'intérêts, *http://www.expertassure.com/cm/text/textci_enm.pdf*, 2007. Avocat au barreau de Lyon.

« fait de manquer sciemment, par intérêt ou par cupidité, aux devoirs de sa charge »[28]. Cette transgression était à l'origine relative à la loi divine, au devoir religieux ou à une obligation morale.

Donc, pour les auteurs auxquels nous nous référons, le conflit d'intérêts, dès l'empire romain, constituait « un manquement grave au devoir de l'avocat » pour des raisons qui étaient à cette époque de nature morale et religieuse.

§ 2. La consécration de la règle au Moyen-Âge

Certains auteurs et notamment M. Jean-François Arrue, estiment que « la profession d'avocat dans sa conception actuelle remonte à l'ordonnance de St-Louis de 1258 ou [à] celle de Philippe Le Hardy de 1274 », dans lesquelles la règle relative aux « contradictions d'intérêts » est appliquée. En effet, assimilée au « serment de St-Louis repris pour la première fois dans l'arrêt de règlement du Parlement de Paris du 11 mars 1344 »[29], elle permettait notamment de vérifier les « valeurs »[30] de l'avocat.

Pour autant, il semble que les auteurs soient unanimes pour fixer la consécration de la notion à l'ordonnance du 5 août 1530, d'où découlera ensuite son apparition dans les premiers traités de déontologie et enfin dans les règlements intérieurs des barreaux. La chambre des requêtes de la Cour de cassation sanctionnera son non-respect le 19 janvier 1898[31] en se fondant sur la violation du secret professionnel.

Cependant, il nous faut préciser un point. En effet, tout en concédant que la notion de contradiction d'intérêts apparaît dans un « contexte d'obligations professionnelles à forte coloration de morale chrétienne appliquée » M. Arrue cite, en s'appuyant sur l'ouvrage de M. Biarnoy de Murville de 1778, des règles qui semblent relatives à la morale des avocats quant à leur fonction et à

---

[28] Dictionnaire LE ROBERT, Définition, 2013.

[29] MARTIN (R.), Du règlement intérieur des ordres d'avocats ; *Semaine juridique* du 13 octobre 1999.

[30] SUR (B.), *Histoire des avocats en France*, Dalloz 1997.

[31] ADER (H.), DAMIEN (A.), *Règles de la profession d'avocats*, Dalloz 2012, n° 38.14, p. 344.

leur obligation de célérité. Or les règles visées ne traitent pas précisément de la notion de conflit d'intérêts. En revanche, l'ouvrage relate entre autres, que l'avocat a le devoir de se consacrer tout entier à son client, ce qui comprend *in extenso* ses intérêts. En effet, « rien ne doit être plus pur que la profession d'avocat : le moindre mélange la gâte et l'altère »[32].

Dans le contexte précis qui nous concerne, à savoir la profession d'avocat, force est de constater que, de manière générale, les auteurs soulignent, dès le début de leur réflexion, l'absence d'une définition consensuelle. Nous poursuivrons donc sur la question du fondement de la notion du conflit d'intérêts.

Section 2. Le Fondement

A l'issue d'un recensement - qui bien que non exhaustif, sera nous l'espérons, le plus complet possible - des raisonnements conceptuels autour de la notion de conflit d'intérêts, on constate un certain nombre de divergences. (§ 1). Mais ces approches différentes ne remettent jamais en cause l'existence même du conflit d'intérêts. (§ 2).

§ 1. Des valeurs discutées

La notion de conflit d'intérêts chez les avocats est majoritairement traitée par les professionnels mais quelques universitaires spécialisés l'ont tout de même abordée. Cependant, on ne constate pas de divergences significatives selon le corps social. Le critère d'appartenance professionnelle est donc dépourvu de pertinence.

Par ailleurs, les valeurs retenues semblent aussi présenter un caractère commun en fonction des époques où elles ont été observées. En ce sens elles pourraient paraître liées à l'histoire mais ce critère ne semble pas davantage infaillible.

En conséquence, une approche conceptuelle nous est apparue être la méthode la mieux adaptée à une réflexion approfondie et pédagogique. Nous traiterons donc, dans un souci de simplicité, les valeurs les plus adoptées, tout en leur adjoignant un certain nombre de notions « dérivées ».

---

[32] BOUCHER D'ARGIS (A.G.), *Règles pour former un avocat*, Durand, 1778, p. 394.

A. L'Indépendance et la liberté

L'exercice de la profession d'avocat est actuellement soumis à seize principes essentiels qui sont : la dignité, la conscience, l'indépendance, la probité et l'humanité[33]; l'honneur, la loyauté, le désintéressement, la confraternité, la délicatesse, la modération et la courtoisie[34] ; enfin la compétence, le dévouement, la diligence et la prudence[35].

Or, tout en suggérant le conflit d'intérêts sous le principe « d'humanité, vertu cardinale concernant les relations entre l'avocat et son client », mais aussi celui de probité ou d'honneur[36], le « Dalloz action »[37] relatif à la profession d'avocat, pose clairement la notion de conflit d'intérêts sous le principe de l'indépendance - Il semble, pour autant, que cela n'ait pas toujours été le cas puisqu'en 2000, cet ouvrage sera notamment cité pour justifier d'une « confusion » entre le principe de délicatesse et la notion de conflit d'intérêts[38]. En effet, dès le début du 20ème siècle, l'avocat se devait de se rapprocher de son client « dans son propre intérêt, pour qu'il puisse trouver à sa portée le conseiller instruit, honnête et indépendant, qu'il ne sait pas toujours discerner des plus louches praticiens »[39], en ce sens que le conseiller « instruit et honnête » ne pouvait qu'être indépendant.

Par ailleurs, en se basant sur le débat actuel de la soumission de l'avocat salarié aux intérêts de son entreprise, c'est bien sur « la mission de défense [de l'avocat] que s'arc-boute l'indépendance de

---

[33] Art. 3 al. 1er du décret n° 2005-790 du 12 juillet 2005 relatif aux règles de déontologie de la profession d'avocat.

[34] Art. 3 al. 2 du décret susvisé.

[35] Art. 3 al. 3 du décret susvisé.

[36] ADER (H.), DAMIEN (A.), *Règles de la profession d'avocats*, Dalloz 2012, n° 30.25 et s p. 241.

[37] ADER (H.), DAMIEN (A.), *Règles de la profession d'avocats*, Dalloz 2012, n° 30.40 (tableau), p. 246.

[38] BENALCAZAR (I. ET S.), L'avocat et le conflit d'intérêts : une notion au cœur de la déontologie et de la nouvelle économie, PA2001109601, *Petites Affiches du 15 Mai 2001* n° 96.

[39] APPLETON (J.), *Traité des professions d'avocat*, Paris Dalloz 1928, p. 9.

la profession », celle-ci devant être considérée comme une « vertu »[40].

En effet, « l'avocat ne saurait remplir son rôle de contre-pouvoir dans la dialectique judiciaire s'il n'est pas libre, à savoir si son choix n'a pas été loisible de refuser la sollicitation du plaideur, et s'il n'est pas lui-même indépendant de toute autorité »[41]. Autrement dit, il en va de sa « liberté » de « refuser de défendre, postuler, [mais aussi de] consulter [ou] rédiger des actes »[42]. Or, ce principe qui joue tant pour le client face au choix de son avocat, que pour l'avocat qui choisit son client[43], ne peut exister qu'en toute indépendance, celle-ci ayant été la pierre angulaire de « la démarche politique » de l'avocat durant tout le 19ème siècle[44].

B. La délicatesse

Ce terme s'oppose à toute notion de grossièreté, brutalité, lourdeur[45], l'avocat devant agir avec légèreté et raffinement. En effet, la délicatesse empêche l'avocat de plaider contre un ancien client, un ancien employeur, mais elle régit aussi les relations des avocats entre eux. C'est donc naturellement qu'un certain nombre d'auteurs rapprochent cette notion de délicatesse de l'obligation « morale » des avocats de refuser des clients aux intérêts contradictoires, « l'hypothèse du conflit d'intérêts tendant à donner l'impression que la délicatesse englobe le conflit d'intérêts »[46].

On peut rappeler que dès le 19ème siècle, l'intérêt légitime des parties se devait d'être considéré avant tout autre, conformément à « la délicatesse et à la prudence de l'avocat [à qui] il appartenait

---

[40] ASSIER-ANDRIEU (L.), *Les avocats : Identité, culture et devenir.* Essai, Lextenso 2011, p. 84 et s.

[41] MARTIN (R.), *Déontologie de l'avocat,* Litec 10ème éd., 2008, n° 33, p. 13.

[42] MARTIN (R.), *Déontologie de l'avocat,* Litec 10ème éd., 2008, n° 51 p. 22.

[43] TAISNE (J.-J.), *La déontologie de l'avocat,* Dalloz 6ème éd. 2009, p. 100 ; TAISNE (J.-J.), DOUCHY-OUDOT (M.), répertoire de procédure civile, Dalloz 2013.

[44] SUR (B.), *Histoire des avocats en France,* Dalloz, 1997, p. 150 et s.

[45] Dictionnaire Le ROBERT, Définition, 2013.

[46] MARTIN (R.), L'avocat et la délicatesse de l'honneur, GP20000801004, *Gaz. Pal.,* 30 juillet 2000, n° 214, p. 2.

de concilier la règle et l'application »[47]. C'est donc sans surprise que M. le Bâtonnier Charles Cohen considérera la délicatesse comme étant la solution à toute situation de conflit d'intérêts car « cousine de la dignité (…), [celle-ci] interdit tout ce qui peut heurter la sensibilité d'autrui », commandant à l'avocat « d'abandonner une défense que la loi n'interdit pas stricto sensu »[48]. Autrement dit, le principe de délicatesse, sous couvert de la « moralité » qui gouverne la fonction d'avocat, empêcherait toute potentialité de conflit d'intérêts.

Remarquons que la dignité est une notion bicéphale qui se rapporte au respect que l'avocat se doit envers lui-même mais aussi au respect qu'il obtiendra eu égard à son comportement, « c'est-à-dire au respect que l'avocat doit inspirer aux autres par sa noblesse, sa retenue, sa réserve »[49]. Cette notion interdit notamment à l'avocat de se livrer à une quelconque publicité sous quelque forme que ce soit, mais elle l'oblige aussi, à se « retenir » si un quelconque conflit était susceptible de survenir.

M. Bollet, ancien Bâtonnier de Marseille, relèvera quant à lui la « difficulté [pour l'avocat] d'accomplir sa tâche avec impartialité », estimant que celui-ci se trouverait alors « dans une situation délicate dans laquelle [l'avocat], ayant un poste de confiance, aurait des intérêts professionnels ou personnels en concurrence avec la mission qui lui est confiée », ceci constituant une « menace » et un « danger » pour le client et l'avocat.

Enfin, on constate que certains universitaires partagent ce regard de professionnel en considérant que le devoir de conseil de l'avocat « s'inscrit dans le cadre plus large du devoir de prudence et de diligence de droit civil»[50].

En effet, « c'est très tôt que l'individu prend conscience que sa notion du juste et de l'injuste, du possible et de l'impossible est relayée ou contrariée par la règle commune ». Mais il a besoin d'un

---

[47] MOLLOT, *Règles sur la profession d'avocat*, [Gallica p. 93] 1842.

[48] COHEN (C.), *Délicatesse et conflits d'intérêt*, Site du barreau d'Aix-en-Provence.

[49] ASSIER-ANDRIEU (L.), *Les avocats : Identité, culture et devenir.* Essai, Lextenso 2011, p. 79 et s.

[50] MONEGER (J.), DEMEESTER (M.-L.), *Profession : Avocat*, n° 7-16, Dalloz, 1991.

soutien qui l'accompagne afin de faire valoir ses intérêts et c'est en son avocat qu'il voit cet « usager, tant est puissante l'idée de service public qui sous-entend le rôle de l'avocat »[51].

Il apparaît donc que pour un grand nombre d'auteurs, la délicatesse constitue une des valeurs fondamentales de la profession, empêchant l'avocat d'agir : « le bâtonnier, saisi de la difficulté pourrait être amené à dire : il n'y a pas conflit d'intérêts, c'est vrai, mais si la loi vous permet de défendre [votre client], la délicatesse [elle] vous l'interdit »[52].

C. Le secret professionnel

Enfin quelques auteurs, estiment que « le critère de la règle des conflits d'intérêts doit être celui de la violation du secret professionnel »[53] car « la conception française du conflit d'intérêts est, tout d'abord, la conséquence directe du caractère absolu du secret professionnel ». Et pour cause, l'avocat reste le seul conseil tenu au secret professionnel « dont il ne peut s'affranchir [ni] être délié »[54].

Des divergences doctrinales existent. Néanmoins, la notion de conflit d'intérêts est bel et bien considérée par tous, en témoignent notamment les innombrables débats qu'elle suscite aujourd'hui.

---

[51] ASSIER-ANDRIEU (L.), *Les avocats : Identité, culture et devenir*. Essai, Lextenso 2011, p. 79 et s.

[52] COHEN (C.), *Délicatesse et conflits d'intérêt*, Site du barreau d'Aix-en-Provence.

[53] CAHEN (B.), L'avocat face aux conflits d'intérêts, *Droit et patrimoine*, Février 1994.

[54] FARTHOUAT (J.-R.), *La déontologie française du conflit d'intérêts*, Site de la fédération des barreaux d'Europe : www.fbe.org/IMG/pdf/Report_Jean-Rene_Farthouat-5.pdf.

§ 2. Une existence fondamentale acquise : le conflit d'intérêts est incontestablement lié aux règles déontologiques

La notion de conflit d'intérêts s'appuie principalement sur quatre valeurs qui sont la liberté, la délicatesse, l'indépendance et le secret professionnel ; or certaines sont inhérentes à l'avocat quand d'autres concernent davantage son client.

A. Délicatesse et secret professionnel : valeurs inhérentes à la personnalité de l'avocat

Dès que « l'usager », pour reprendre le terme de M. Assier-Andrieu, passe la porte du cabinet d'un avocat, il attend incontestablement de ce dernier qu'il se mette à son service avec sérieux, bienveillance et disponibilité. L'avocat doit être « réactif à la sollicitation de son client » et mettre tout en œuvre pour apporter un « soin appliqué et attentif à sa défense »[55], sa mission pouvant être définie comme « l'exercice d'une solidarité humaniste contenant potentiellement tous les aspects de l'exercice comme peuvent s'entendre *lato sensu* les attributions du médecin ou du prêtre »[56]. En effet, de sa fonction de conseil découlent des principes inhérents au comportement que l'avocat se doit d'adopter lors de ses entretiens avec ses clients et de la préparation de la défense de ceux-ci. On attend de lui qu'il use de prudence, de moralité, d'honneur, « l'avocat [ayant avant tout] une mission, non une profession »[57].

On peut donc estimer que c'est dès sa fonction de conseil que la délicatesse pourra être envisagée, eu égard à la notion de conflit d'intérêts.

De la même manière, l'usager ne pourrait en aucun cas envisager que son conseil puisse utiliser ses dires, ses documents, à

---

[55] ADER (H.), DAMIEN (A.), *Règles de la profession d'avocats*, Dalloz, p. 245.

[56] ASSIER-ANDRIEU (L.), *Les avocats : Identité, culture et devenir*. Essai, Lextenso 2011, p. 80.

[57] SUR (B.), *Histoire des avocats en France*, Dalloz, 1997, p. 171.

d'autres fins que celle de son exclusive défense. Le secret professionnel s'entend donc aussi dès son rôle de conseiller.

On peut, en conséquence, ranger la délicatesse et le secret professionnel dans les valeurs inhérentes à la personnalité, la moralité même de l'avocat, indépendamment du client qui le consulte et cela, dès sa fonction juridique.

B. Indépendance et liberté : valeurs relatives au lien entre l'avocat et son client

L'émergence au Moyen-Âge d'une justice procédurale complexe engendrera la naissance de la fonction judiciaire des avocats. Or le cumul de leur fonction judiciaire et de leur fonction juridique nécessitera leur professionnalisation et par là même, leur indépendance quant au pouvoir politique. Considérant qu'il « ne [faut] point qu'un avocat se mêle d'aucune affaire étrangère à sa profession »[58], la contrepartie de ce principe sera en effet la naissance des honoraires, alors vus comme le « témoignage de la reconnaissance de son client, la contrepartie de son désintéressement »[59] et en aucun cas le paiement d'un travail. En témoigne l'inscription en lettres d'or sur le fronton du barreau de Paris : « L'honoraire est un don spontané de la reconnaissance du client ».

L'avocat est donc indépendant du politique, ce qui lui permet en toute liberté de choisir son client en ce sens qu' « il ne pèse sur lui aucune obligation de vendre ses services à qui que ce soit »[60]. Cette liberté découle directement de sa qualité d'auxiliaire de justice mais aussi de son appartenance au barreau. En effet, le caractère libéral de la profession renvoie directement « à son indépendance de l'Etat, à la liberté que [l'avocat] conquiert dans l'exercice de son activité et le fonctionnement des structures chargées d'encadrer la profession »[61]. D'ailleurs, même pendant la

---

[58] BOUCHER D'ARGIS (A.-G.), *Règles pour former un avocat*, Durand, 1778, p. 394.

[59] ASSIER-ANDRIEU (L.), *Les avocats : Identité, culture et devenir.* Essai, Lextenso 2011, p. 122 et s.

[60] ASSIER-ANDRIEU (L.), *Les avocats : Identité, culture et devenir.* Essai, Lextenso 2011, p. 86.

[61] LEUWERS (H), *L'invention du barreau Français.* Ed. EHESS 2006, p. 299.

Révolution, période la plus « douloureuse »[62] pour la profession puisque tout le monde pouvait être avocat, conseil, représentant, afin de répondre de façon radicale à l'exigence d'une société « fraternelle » portée à son paroxysme, Robespierre concédait que, « c'est au barreau que se conservent les dernières traces de la liberté exilée du reste de la société, c'est là que se trouve encore le courage de la vérité qui ose proclamer les droits du faible opprimé contre les crimes de l'oppresseur puissant »[63].

On peut donc ranger les « vertus » d'indépendance et de liberté dans les rapports entre l'avocat et son client qui, tant pour l'un que pour l'autre, permettront de ne pas être confronté à un quelconque conflit d'intérêts, le tout sous le joug d'une indépendance indispensable de l'avocat face à l'Etat, pouvoir exécutif ou législatif, mais aussi, face aux juges, autorité judiciaire.

Les prémisses de la règle mettent en exergue sa relation étroite avec les valeurs déontologiques de la profession. En effet, « les 4 vertus de l'avocat étant le dévouement, l'indépendance, la dignité, la délicatesse dans les manuels de déontologie, la contradiction d'intérêts devra donc être classée dans ses devoirs »[64] . Il convient donc de finir ce panorama avec les sources normatives de la règle du conflit d'intérêts chez les avocats.

Section 3. Les sources normatives

Le 27 novembre 1991, le gouvernement édicte un décret organisant la profession d'avocat en utilisant pour la première fois la notion de conflit d'intérêts dans son article 155.

En 1993, le Conseil national des barreaux « fixe l'ordre d'urgence de ses travaux relatifs à l'harmonisation des règles et usages de la profession d'avocat »[65] et notamment celles relatives à la déontologie, conformément à sa compétence normative issue du décret de 1971. Le 26 mars 1999, il rend en assemblée générale

---

[62] SUR (B.), *Histoire des avocats en France*, Dalloz, 1997.

[63] Cité par ASSIER-ANDRIEU (L.).

[64] HAMELIN (J.) cité par ARRUE (J.-F.), avocat au barreau de Lyon, Contradiction d'intérêts. *Site ENM* 2007.

[65] CNB, *JCP* Edition Générale n° 1, 6 janvier 1993, act 100005.

le Règlement Intérieur Harmonisé (R.I.H.) des barreaux de France qui traite dans son article 4 exclusivement des conflits d'intérêts. Le texte énonce le principe en 4.1, la définition en 4.2 et les limites du conflit d'intérêts en 4.3.

Le principe du « conflit d'intérêts » est le suivant : « L'avocat ne peut être le conseil, le défenseur ou le représentant de plusieurs parties dans une même affaire s'il y a conflit entre leurs intérêts ou, sauf accord des parties, s'il existe un risque sérieux d'un tel conflit. Le principe du libre choix de l'avocat par le client trouve ses limites dans la prise en considération des conflits d'intérêts »[66]. Le barreau reprend donc la définition du conflit d'intérêts du décret de 1991, en précisant que cette notion constitue en effet une « limite au libre-choix de l'avocat » car le conflit d'intérêts découle directement du principe de liberté de l'avocat.

Mais cet article du RIH de 1999 va être considérablement amputé par les nouvelles versions. Les textes en vigueur aujourd'hui sont, d'une part le RIN adopté par la décision à caractère normatif n° 2005-003 du Conseil national des barreaux, qui est le résultat de l'harmonisation enclenchée par le RIH suivie du RIU[67], et d'autre part le décret de 2005.

Le décret de 2005 dispose dans son article 7 que :

« L'avocat ne peut être ni le conseil ni le représentant ou le défenseur de plus d'un client dans une même affaire s'il y a conflit entre les intérêts de ses clients ou, sauf accord des parties, s'il existe un risque sérieux d'un tel conflit.

Sauf accord écrit des parties, il s'abstient de s'occuper des affaires de tous les clients concernés lorsque surgit un conflit d'intérêts, lorsque le secret professionnel risque d'être violé ou lorsque son indépendance risque de ne plus être entière.

Il ne peut accepter l'affaire d'un nouveau client si le secret des informations données par un ancien client risque d'être violé ou

---

[66] Art. 4.1 du RIH de 1999.

[67] Décision à caractère normatif n° 2004-001 des barreaux de France qui institue le Règlement Intérieur Unifié (R.I.U.).

lorsque la connaissance par l'avocat des affaires de l'ancien client favoriserait le nouveau client.

Lorsque des avocats sont membres d'un groupement d'exercice, les dispositions des alinéas qui précèdent sont applicables à ce groupement dans son ensemble et à tous ses membres. Elles s'appliquent également aux avocats qui exercent leur profession en mettant en commun des moyens, dès lors qu'il existe un risque de violation du secret professionnel »[68].

L'article 4.1 du RIN[69] intitulé « principe » reprend intégralement l'article 7 du décret. L'article 4.2 du RIN relatif à la définition du conflit d'intérêts reprend les 4 premiers alinéas du RIH mais les alinéas suivants relatifs à l'absence de conflit d'intérêts seront purement et simplement supprimés, alors même que les auteurs se réjouissaient de cette précision. Enfin, l'article 4.3 du RIH relatif aux limites de l'intervention de l'avocat sera lui aussi retiré du RIN, sauf son alinéa relatif à l'exercice en groupe qui se retrouvera à la fin de l'article 4.1 du RIN. En effet, lorsque le décret de 2005 est pris, le Conseil National du Barreau considéra implicitement que l'article 4.3 était abrogé.

En conséquence, les sources internes relatives au conflit d'intérêts sont aujourd'hui l'article 7 du décret de 2005 relatif aux règles déontologiques de l'avocat, intégralement repris dans l'article 4 du RIN qui en précisera la définition. Plus aucun texte aujourd'hui n'aborde explicitement l'absence de conflit d'intérêts ainsi que ses limites en tant que telles.

---

[68] Art. 7 du décret n° 2005-790 du 12 juillet 2005 relatif aux règles de déontologie de la profession d'avocat.

[69] Décision à caractère normatif n° 2005-003 des barreaux de France qui institue le Règlement Intérieur National (R.I.N.), consolidée des décisions à caractère normatif n° 2007-001 du 28 avril 2007, 2008-002 du 12 décembre 2008, 2009-001 du 4 avril 2009, 2009-002 du 16 mai 2009, 2010-001 du 10 avril 2010, 2010-002 du 8 mai 2010, 2010-003 du 24 septembre 2010, 2011-001 du 12 février 2011, 2011-002 du 18 juin 2011 et 2011-005 du 24 septembre 2011, adoptées par les Assemblées générales du Conseil national des barreaux ainsi que des modifications aux annexes adoptées lors des assemblées générales des 13 septembre 2008, 10 mai 2010 et 14 septembre 2012.

Le texte européen[70] est sensiblement analogue au tronc commun de nos règles déontologiques relatives au conflit d'intérêts. Pour autant, il apparaît trois différences[71]. L'exception de l'accord des parties et le caractère majeur de l'intensité du conflit en France ne semblent pas être pris en compte par le code européen. De plus, il est applicable à tous les groupes et à tous ses membres ce qui, nous le verrons, est bien moins net dans l'interprétation que nous donne la Cour.

Le conflit d'intérêts est aujourd'hui une notion autonome intégrée aux principes déontologiques, traitée par des textes visant spécifiquement la profession qui nous concerne, et cela indépendamment des autres domaines dans lesquels la notion pourra être utilisée.

Or lorsque le conflit d'intérêts est patent ou possible, l'éviter constitue un devoir pour l'avocat. Il convient donc, à présent de se pencher sur les critères de la notion.

---

[70] Art. 21.3.2 intitulé Conflit d'intérêts du Code de déontologie des avocats de l'union européenne : Directive n° 77/249 du 22 mars 1977 ;

21.3.2.1 L'avocat ne doit être ni le conseil ni le représentant ou le défenseur de plus d'un client dans une même affaire, s'il y a conflit entre les intérêts de ces clients ou un risque sérieux d'un tel conflit.

21.3.2.2 L'avocat doit s'abstenir de s'occuper des affaires de deux ou de tous les clients concernés lorsque surgit entre eux un conflit d'intérêts, lorsque le secret professionnel risque d'être violé ou lorsque son indépendance risque de ne plus être entière.

21.3.2.3 L'avocat ne peut accepter l'affaire d'un nouveau client si le secret des informations données par un ancien client risque d'être violé ou lorsque la connaissance par l'avocat des affaires de l'ancien client favoriserait le nouveau client de façon injustifiée.

21.3.2.4 Lorsque des avocats exercent la profession en groupe, les paragraphes 21.3.2.1 à 21.3.2.3 sont applicables au groupe dans son ensemble et à tous ses membres.

[71] CAHEN (B.), Avocat face aux conflits d'intérêts, *Droit et Patrimoine*, Février 1994.

Chapitre 2. Les critères du conflit d'intérêts

Notre objet d'étude étant le conflit d'intérêts chez les avocats, l'intervention de ces derniers constitue une condition préalable obligatoire. Or depuis le 1er janvier 1992[72], une nouvelle profession dont les membres portent le titre d'avocat s'est substituée aux professions d'avocat et de conseil juridique, et les membres de cette profession font dorénavant partie, s'ils n'y ont renoncé, de la nouvelle profession entendue sous le vocable d' « avocat ». Cette compétence pluridisciplinaire des avocats, bien que répondant à un besoin de spécialisation, n'en constitue pas moins un véritable terreau pour le conflit d'intérêts. (Section 1).

Nonobstant, l'avocat investi d'une mission ne pourra envisager l'existence du conflit d'intérêts qu'en considération d'un certain nombre de critères cumulatifs. (Section 2).

Section 1. L'avocat en mission : une condition préalable constituant un véritable terreau du conflit d'intérêts

Les avocats ont aujourd'hui deux missions qui peuvent être exercées successivement ou non : une fonction purement juridique et une mission judiciaire. Il convient donc de borner l'étendue du champ d'action de l'avocat. (§ 1).

De plus, l'époque de l'avocat exerçant individuellement dans son cabinet est aujourd'hui révolue. Face à une profession exerçant majoritairement en cabinet commun, les conflits d'intérêts visent l'avocat exerçant seul, mais aussi l'avocat membre d'un groupement d'exercice, le groupement lui-même, ainsi que les avocats mettant leurs moyens en commun, les avocats collabora-

[72] Loi n° 90-1259 du 31 décembre 1990, portant réforme de certaines professions judiciaires et juridiques.

teurs et leur structure d'exercice[73]. Cette diversité d'exercice facilite davantage encore la survenance de conflit d'intérêts. (§ 2)

§ 1. La mission de l'avocat

L'article 4 du Règlement Intérieur National concerne la fonction de conseiller juridique[74] comme celle de représentant ou de défenseur[75]. Nous envisagerons donc successivement l'activité juridique de l'avocat (A) et son activité judiciaire (B).

A. Activités purement juridiques

En 1990, un rapport du Sénat estimant que les garanties de l'« usager »[76] étaient lacunaires, a conduit le législateur[77] à réglementer la pratique des activités notamment juridiques. Néanmoins, cette « réglementation n'est établie que pour l'exercice du droit à titre habituel et rémunéré ». En effet, « la consultation juridique et la rédaction d'actes sous seing privé pour autrui demeurent entièrement libres lorsqu'elles sont gratuites même si elles ont un caractère habituel et lorsqu'elles sont occasionnelles même si elles sont rémunérées »[78]. Il est important de préciser que cette exclusion du champ de la réglementation de la pratique du droit n'est cependant pas applicable à l'avocat, celui-ci ayant une réglementation propre directement liée à son statut, indépendamment de l'activité qu'il pratique.

L'article 4.2 du RIN relatif à la définition du conflit d'intérêts précise que la fonction de conseil est « l'obligation de donner une information complète, loyale et sans réserve à ses clients ». Néanmoins, ce même texte précise que, dans le cadre de cette fonction, l'avocat « fournit à ses clients toute prestation de conseil et d'assistance ayant pour objet, à titre principal ou accessoire, la

---

[73] Art. 4.1 al. 4 et 5 du RIN.

[74] Art. 4.1 al. 1 et 4.2 al. 1 du RIN.

[75] Art. 4.1 al. 1 et 4.2 al. 2 du RIN.

[76] Document Sénat 1990-1991, Rapport n. 201, p. 172.

[77] Loi n° 90-1259 portant réforme de certaines professions judiciaires et juridiques, 31 déc. 1990 : JCP 91, III, 64448.

[78] Document Sénat 1990-1991, Rapport n. 201, p. 60.

mise en œuvre des règles ou principes juridiques, la rédaction d'actes, la négociation et le suivi des relations contractuelles »[79].

Autrement dit, lors de sa consultation[80] juridique, le client sollicite son conseil suivant quatre étapes successives, toutes susceptibles de générer des conflits d'intérêts.

Tout d'abord, le client présente une situation de faits afin que son conseil l'analyse. A l'issue de celle-ci, il attend un avis, des renseignements juridiques, des préconisations de moyens, ainsi que « des éléments de décision en faveur de sa cause ». Puis, le client dûment informé réclame une assistance « soit en défense de ses intérêts, soit dans la gestion de ses affaires »[81], qui se traduit le plus souvent par la rédaction d'écrits, d'actes sous seing privé, voire de son seul contreseing[82]. Et enfin, il revendique un suivi quant au résultat obtenu, notamment sur les éventuelles conventions effectuées.

Ce large éventail de prérogatives incluses dans l'activité purement juridique de l'avocat n'est pas exempt de survenance de conflits d'intérêts. Dès l'analyse de la situation, celui-ci devra faire preuve d'une grande vigilance, notamment lorsqu'il intervient pour l'ensemble des futures parties contractantes, d'autant plus qu'il n'est pas « présumé avoir été le conseil de toutes les parties signataires »[83]. Par ailleurs, la loi[84] donne un sens très large à l'acte sous seing privé, qui s'entend du contrat civil ou commercial expressément nommé comme tel, au simple échange de lettres, sans oublier tous les actes unilatéraux dont il est difficile de fournir une liste exhaustive tant ils sont nombreux : renonciation, promesse, déclaration fiscale, désignation d'un arbitre, soumission d'une

---

[79] Art. 6.2 al. 2 RIN.

[80] CORNU (G.), Vocabulaire Juridique, *Consultation*, Association Henri Capitant, 2012.

[81] CORNU (G.), Vocabulaire Juridique, *Conseil juridique*, Association Henri Capitant, 2012.

[82] Loi n° 2011-331 du 28 mars 2011 de modernisation des professions judiciaires ou juridiques et certaines professions réglementées (actes d'avocat).

[83] Art. 7.3 al. 1 du RIN.

[84] Art. 1322 et s. du C. civ.

offre, demande de permis de construire, etc.[85]. Or en droit commercial, « les parties sont censées avoir en commun une même syntaxe des affaires »[86] ce qui pourra tendre à atténuer le degré de prudence attendu. Mais, dans des domaines protégés par l'ordre public comme le droit de la famille ou le droit des personnes, l'avocat devra faire preuve d'un paradigme de vigilance, dont l'exemple topique est sans conteste la consultation d'un couple marié souhaitant divorcer par consentement mutuel.

B. Activités judiciaires

Dans le cadre de sa mission de défenseur, l'avocat « assiste et représente ses clients en justice et à l'égard de toute administration ou personne chargée d'une délégation de service public, sans avoir à justifier d'un mandat écrit, sous réserve des exceptions prévues par les textes légaux et réglementaires.»[87]. L'activité judiciaire de l'avocat s'entend donc par l'assistance et la plaidoirie, la représentation et la postulation[88], qui sont toutes des fonctions sujettes à conflits d'intérêts.

L'assistance est « une mission confiée par le plaideur lui-même à un avocat qui emporte pour celui qui en est chargé pouvoir et devoir de conseiller la partie et de présenter sa défense sans l'obliger, l'assistance n'emportant pas, par elle-même, mandat de représentation »[89]. Dans son acception large, l'assistance comprend donc la mission de conseil, l'assistance physique au procès - cette dernière ne pouvant en aucun cas être assimilée à l'activité du mandataire- mais aussi la plaidoirie.

---

[85] BENABENT (A.), La réglementation de l'exercice du droit, *Semaine Juridique* Edition générale n° 9, 27 février 1991.

[86] LIZOP (A.), VILLACEQUE (J.), Acte d'avocat : Contreseing et conflit d'intérêts, *AJ Famille 2011*, p. 297.

[87] Art. 6.2 al. 1 RIN.

[88] ADER (H.), DAMIEN (A.), *Règles de la profession d'avocats*, Collection Dalloz-Action, Dalloz 2012, titre 4, p. 357 et s.

[89] Art. 412 C. pr. civ.; CORNU (G.), Vocabulaire Juridique, *Assistance*, Association Henri Capitant, 2012.

La plaidoirie, « pièce maîtresse du procès »[90] se définit comme l'exposé oral devant une juridiction, de prétentions des justiciables et de l'ensemble des éléments constituant une cause.

La représentation, quant à elle, est « une mission d'origine conventionnelle qui confère au mandataire pouvoir et devoir d'accomplir au nom du mandant (le plaideur) les actes de la procédure, et emporte, sauf disposition contraire, mission d'assistance »[91]. Il convient de préciser que l'assistance fait partie intégrante de la représentation, l'inverse n'étant pas vrai. De plus, contrairement à l'assistance, l'avocat qui représente est titulaire d'un mandat *ad litem* : il se substitue à son client et l'engage par toute déclaration ou tout écrit. Enfin, dans certains cas particuliers, le code de procédure civile exige la représentation comme condition de validité de la procédure. Cette représentation obligatoire, appelée la postulation, se manifeste par un acte, la constitution d'avocat, qui ôte toute faculté pour les parties de se présenter elles-mêmes.

La différence fondamentale entre les missions d'assistance et de représentation -mais aussi de postulation- s'évalue en degrés. En effet, dans l'une l'avocat assiste, plaide pour son client, il en est le « porte-parole » mais ses déclarations n'engagent pas le client[92], alors que dans l'autre, le lien conventionnel a pour effet la substitution de l'avocat à son client. Il assiste, plaide mais surtout engage son client comme s'il l'était lui-même.

Dans l'accomplissement de ses activités judiciaires, l'avocat pourra être conduit à adopter une défense différente à l'égard d'un de ses clients dans son « développement » oral ou écrit, son « argumentation » juridique mais aussi dans sa « finalité »[93].

Par ailleurs, il n'est pas inutile de rappeler que l'article 6.2 alinéa 4 du RIN confère à l'avocat « les fonctions d'arbitre, de médiateur, de conciliateur ou de séquestre », qui, bien que

---

[90] MONEGER (J.), DEMEESTER (M.-L.), *Profession : Avocat*, Dalloz, 1991.

[91] Art. 411 C proc. Civ. – CORNU (G.), Vocabulaire Juridique, *Représentation*, Association Henri Capitant, 2012.

[92] CA Paris, 19 janvier 1953, *Gaz. Pal. 1923*, 1, 99.

[93] Art. 4.2 al. 2 du RIN.

s'exerçant hors du prétoire, touchent aussi bon nombre d'activités de « la vie civile, économique, et sociale »[94] ; on pense notamment aux affaires familiales, au droit commercial ou au droit social.

Ce large éventail disciplinaire de l'avocat est un terrain propice à l'émergence de conflit d'intérêts mais le mode d'exercice de la grande majorité des avocats accroît encore sa fertilité.

§ 2. Les conditions d'exercice de l'avocat

Les dispositions relatives au conflit d'intérêts ne sont pas seulement destinées à l'avocat exerçant individuellement, elles s'appliquent aussi aux avocats « membres d'un groupement d'exercice » et cela « dans son ensemble », ainsi qu'aux avocats qui mettent en « commun leurs moyens »[95].

En effet, les dispositions légales relatives au conflit d'intérêts concernent les associations, les sociétés civiles professionnelles, les sociétés d'exercice libéral à forme anonyme, les sociétés d'exercice libéral à responsabilités limitées, ou toute autre forme d'exercice professionnel en commun. Elles visent aussi les avocats qui exercent une profession en mettant en commun uniquement des moyens et notamment les sociétés civiles de moyens, les cabinets groupés, etc.

Les regroupements entre avocats ouvrent le champ aux formes les plus variables de rapprochements[96] ; or ce facteur endogène conduit nécessairement à l'adoption de très sérieuses précautions pour les cabinets, car « en l'absence de toutes procédures adéquates d'identification et de gestion des conflits d'intérêts, un avocat ne peut participer à cette structure, le respect de cette règle s'appréciant, non pas au vu du seul cabinet mais de l'ensemble du réseau »[97].

---

[94] Art. 6.1 al. 1 du RIN.

[95] Art. 4.1 al. 1, 4.1 alinéa 4, et 4.1 al. 5 du RIN.

[96] L. 29 novembre 1966.

[97] BENALCAZAR (I. ET S.), L'avocat et le conflit d'intérêts : une notion au cœur de la déontologie et de la nouvelle économie, *PA2001109601*, *Petites affiches 15 Mai 2001*, n° 96, p. 4.

En effet, le texte a pour unique but de protéger l'intérêt du client et tend à le remettre au centre de l'appréciation du conflit. Au-delà des conditions d'exercice du défenseur, il importe avant tout de protéger l'intérêt du client ; on peut d'ailleurs citer comme exemple topique l'application du texte aux structures de moyens qui ne fournissent pourtant que « le moyen matériel de cet exercice, chacun des membres exerçant individuellement »[98].

A cet égard, cette considération extensive peut sembler excessive. Bon nombre d'avocats usent de la constitution de structure de moyens afin de concilier les impératifs économiques avec leur exercice individuel, or cette disposition pourrait constituer un frein à cette facilitation d'exercice. Dans le contexte actuel où la « taille des cabinets et l'exacerbation de leur concurrence entre eux augmentent »[99], une appréciation *in concreto* semblerait plus adaptée. Car, si le but est de limiter les facteurs endogènes d'échanges entre avocats ayant la défense d'intérêts opposés, pourquoi ne pas étendre la prohibition à la salle des pas perdus du tribunal ? Dès lors qu'on considère la structure de moyens comme un terrain favorable alors même que le seul lien serait la secrétaire, il importe tout de même de rappeler que le Tribunal demeure la première structure professionnelle commune où les avocats chargés d'intérêts opposés correspondent.

Cependant, ce propos volontairement provocateur est à relativiser. En effet, le texte ajoute une condition supplémentaire au groupement de moyens : il faut qu'il « existe un risque de violation du secret professionnel ». Comment ne pas y voir une clarification nette de la téléologie du texte ? Point n'est besoin de préciser la manière dont les échanges sont pratiqués dans le cabinet, seul le « risque de violation du secret professionnel » est à évaluer. Mais ce principe étant le corollaire des principes déontologiques des avocats, ceux-ci n'ont pas attendu cette précision pour s'y soumettre.

---

98 MARTIN (R.), *Déontologie de l'avocat*, Litec, 10ème éd., 2008, n° 52.

99 LEMPEREUR (A.), SCODELLARO (M), *Conflits d'intérêts économiques entre avocats et clients : la question des honoraires*, Dalloz 2003, p. 1380.

L'avocat d'aujourd'hui a un large éventail de missions dont l'essence même est d'offrir une solution acceptée par les intérêts en présence. Et les conditions d'exercice de la profession sont un facteur endogène manifeste. Il n'en est pas moins vrai que le client reste le centre de la mission de l'avocat et qu'en conséquence, son intérêt en constitue le corollaire. Il convient donc de définir les critères du conflit d'intérêts.

Section 2. Les éléments constitutifs du conflit d'intérêts

La notion de « conflit d'intérêts » est aujourd'hui au cœur de nombreux débats, y compris dans la sphère politique : on pense à l'affaire du Médiator, au cumul des fonctions d'avocat et de député, au rapport Sauvé, pour les thèmes les plus médiatisés. Cette multitude de domaines empruntant la terminologie de « conflit d'intérêts » engendre un déferlement de « tentatives » de définition, conduisant *in fine* au constat décevant qu' « il n'existe pas de définition doctrinale véritablement reçue et adoptée »[100].

Or notre objet porte sur le conflit d'intérêts chez les avocats et cette sémantique n'est pas sans incidence, notamment lorsqu'il s'agit d'isoler les acteurs dont l'intérêt est concerné. En effet, la notion de conflit d'intérêts dans le domaine exclusif de la fonction des avocats s'est construite progressivement sous des terminologies différentes et cela, de manière totalement autonome en ne considérant que l'intérêt des parties. (§ 1).

Nonobstant, la détention de deux intérêts distincts n'est pas synonyme de conflit d'intérêts. Pour que celui-ci existe, ces deux intérêts doivent être antagonistes ou présenter un risque de conflit ; cette condition étant cumulative avec la présence de deux intérêts. (§ 2).

§ 1. Les intérêts concernés

Afin de ne pas commettre de méprise, il nous faut préciser les acteurs concernés. Parlons-nous des intérêts dont les titulaires ne

---

[100] HIRSCH (M.), Les conflits d'intérêts non gérés ruinent la démocratie, *JCP* Édition Générale, supplément au n° 52, 26 décembre 2011.

seraient qu'exclusivement les parties ou des intérêts des parties en conflit avec l'intérêt de l'avocat, voire même des deux hypothèses simultanément ? Cette question est sujette à controverse. (A).

Cependant, on constate qu'aussi bien la jurisprudence que les textes en vigueur sont unanimes sur le titulaire de l'intérêt susceptible de conflit. (B).

A. Les acteurs véhiculant un intérêt susceptible de conflit : un sujet à controverse

Pour comprendre les divergences doctrinales sur ce point (1), il nous faut, en amont, procéder à un bref état des lieux de la manière dont le conflit d'intérêts est entré dans les textes. (2).

1. Des « intérêts opposés » au « conflit d'intérêts » dans les textes

La terminologie « conflit d'intérêts » est récente mais la notion était déjà référencée dans les textes sous d'autres terminologies. Or selon les termes employés, les destinataires se révèlent différents.

a) Du conflit entre les intérêts des parties

Le premier texte légal relatif à la déontologie chez les avocats utilise l'expression d'« intérêts opposés » dans les termes suivants : « les parties ayant des intérêts opposés ne peuvent être ni assistées, ni représentées par un même avocat »[101]. Outre la création d'un nouveau concept autonomisé des notions de délicatesse, de secret professionnel ou d'indépendance, on peut aisément constater que cet article 84 du décret de 1972, qui a pour conséquence de poser une interdiction à l'avocat, ne vise expressément que l'intérêt des parties entre elles.

Pourtant, celui-ci ajoute que les parties « ne peuvent être respectivement représentées ou assistées par des avocats membres d'une même société civile professionnelle ou liées par un contrat d'association ou de collaboration ». Autrement dit, lorsque plusieurs avocats sont liés par une personnalité juridique ou un

---

[101] Art 84 D. 72-468 du 9 juin 1972, dans sa version originale.

contrat, ils ne peuvent défendre des parties dont les intérêts seraient opposés. En effet, ce texte empêche avant tout que des avocats, liés par une même structure et donc susceptibles de partager certaines informations, ne puissent, le cas échéant, confronter deux dossiers distincts mais en lien, car issus de deux parties aux intérêts opposés dans un litige commun. Mais en aucun cas le texte ne prétend impliquer les intérêts de l'avocat. Seuls ceux des parties et leur protection restent visés.

Or, lorsque la terminologie de « conflit d'intérêts » apparaîtra pour la première fois légalement dans l'article 155 du décret n°91-1197 du 27 novembre 1991, celle-ci confirmera sa vocation à ne concerner que les intérêts des clients entre eux : tout en rappelant que « l'avocat [ne] doit être ni le conseil ni le représentant ou le défenseur de plus d'un client dans une même affaire s'il y a conflit d'intérêts», le texte précisera, afin d'ôter tout soupçon, qu'il s'agit bien des intérêts « de ses clients ».

En effet, apparue tout d'abord sous la dénomination « d'intérêts opposés » dans les textes, la terminologie de « conflit d'intérêts » ne vise aujourd'hui que les intérêts des parties entre elles. Il serait donc logique de prétendre que cette notion exige l'existence d'une pluralité de clients. Mais ce syllogisme, s'il est attrayant, n'en est pas moins contredit dans le monde d'aujourd'hui et notamment par les « avocats pratiquant l'*influençage* »[102], le lobbying.

b) Du conflit entre les intérêts du conseil et ceux de son client

Le premier texte à évoquer l' « intérêt » procède dans les termes suivants : « elle [toute personne autorisée à donner des consultations juridiques ou à rédiger des actes sous seing privé, pour autrui de manière habituelle] doit respecter le secret profes-

---

[102] ADER (H.), MARTIN (R.), *Manifeste du 20 janvier 2009*, Recueil Dalloz 2009 p. 56.

sionnel (…) et s'interdire d'intervenir si elle a un intérêt direct ou indirect à l'objet de la prestation fournie »[103].

Autrement dit, en procédant de manière exégétique, il apparaît que le texte vise la personne procédant à des consultations juridiques, « elle », et plus particulièrement ses intérêts, « directs ou indirects », et cela à l'égard de « l'objet de la prestation fournie » et donc, par analogie, de l'intérêt que le client soumet à son conseil. En conséquence, l'article 55 alinéa 3 concerne l'intérêt du conseil face à celui de l'objet de la prestation et donc, *in largo*, face à celui de son client.

Nous sommes ici dans un champ fondamentalement différent puisque le conflit visé s'entend entre l'intérêt du client et l'intérêt du conseil lui-même. Néanmoins, il est important de constater que ce texte vise les fonctions de consultations juridiques et de rédacteurs d'actes qui sont incluses dans le seul volet juridique de la mission d'avocat.

Donc, selon les textes en vigueur, les intérêts susceptibles de générer un conflit tel que pensé par le législateur sont, dans le cadre de la fonction judiciaire de l'avocat, ceux des parties et seulement ceux-là, auxquels il faut ajouter, dans le seul cadre de sa fonction juridique, l'intérêt propre de l'avocat.

2. Mise en exergue des divergences doctrinales

Une certaine partie de la doctrine estime que « le conflit d'intérêts recouvre en réalité [ces] deux types de situations »[104] : celle qui ne vise que les intérêts des parties entre elles et celle où les intérêts de l'avocat sont en conflit avec ceux de son client, comme susvisé par la loi de 1990 car « de toute évidence l'avocat ne pourra accepter une mission de la part d'un client si ses propres intérêts divergent des intérêts de celui-ci »[105].

---

[103] Art 55 L. 90-1259 du 31 décembre 1990, dans sa version originale, repris dans l'art 55 de la L. 71-1130 du 31 décembre 1971 en vigueur, modifié par la L. 92-1336 du 16 décembre 1992.

[104] DEMEESTER (M.-L.), *Avocat (règles déontologiques)*, Répertoire de Droit civil, Décembre 2004.

[105] MONEGER (J.), DEMEESTER (M.-L.), *Profession : Avocat*, n° 7-16, Dalloz, 1991.

Pour ce faire, ces auteurs se basent sur l'article 155 du décret de 1991 qui ne vise que le conflit pouvant survenir entre les intérêts des clients, mais aussi sur l'article 55 de la loi de 1990 qui interdit à l'avocat d'agir s'il a « un intérêt avec l'objet de la prestation fournie » et cela, alors même que la loi de 1990 n'utilise pas l'expression « conflit d'intérêts ». D'ailleurs, avant même que le gouvernement ne sacralise la notion de « conflit d'intérêts » dans un texte normatif, celle-ci est, selon nous, apparue dans la doctrine sous la plume de M. Bénabent[106] pour justement commenter l'interdiction faite au rédacteur d'actes d'intervenir dans l'hypothèse où celui-ci aurait un intérêt direct ou indirect : « on comprend mal la raison pour laquelle celui qui intervient à titre occasionnel serait dispensé du respect du secret professionnel et de la réserve en cas de conflit d'intérêts, surtout s'il intervient à titre onéreux ».

Cette approche doctrinale permet donc d'accorder une définition du conflit d'intérêts comme « prenant naissance lorsque l'intérêt personnel s'oppose à l'intérêt que l'on est en charge de défendre »[107] ou plus largement comme une « situation dans laquelle une personne en charge d'un intérêt autre que le sien [agit] (...) dans le but d'en avantager un autre [intérêt], le sien ou celui d'un tiers »[108].

Mais pour autant, la notion de « conflit d'intérêts » telle qu'expressément entendue par les textes octroie-t-elle vraiment cette possibilité triangulaire, ou n'y a-t-il place que pour les intérêts des parties ?

Nous avons vu que légalement, le conflit d'intérêts vient de la notion d'« opposition d'intérêts » qui ne concerne que les intérêts des parties entre elles. Pourtant, ne pouvant faire abstraction du fait qu'une partie de la doctrine semble s'accorder sur l'utilisation de la notion de conflit d'intérêts pour un conflit survenant entre

---

[106] BENABENT (A.), La réglementation de l'exercice du droit, *Semaine Juridique* Edition générale n° 9, 27 février 1991.

[107] SCHMIDT (D.), Les associés et les dirigeants sociaux, *Mélange : Les conflits d'intérêts dans le monde des affaires, un Janus à combattre*, PUF, Ceprisca, 2006, p. 11.

[108] MORET-BAILLY (J.), *Définir les conflits d'intérêts*, Dalloz 2011, n° 22, p. 1101-1106, n° 22.

les intérêts du conseil et ceux du client, il semble nécessaire de s'en remettre aux textes ainsi qu'à leur application afin que ceux-ci assurent pleinement leur rôle de référence.

B. La norme éclairée par la jurisprudence : une vision unanime de la notion de conflit d'intérêts

L'expression de « conflit d'intérêts » a été utilisée dans un domaine bien précis par la jurisprudence, et les textes d'aujourd'hui se conforment à ses prémisses.

1. La délicatesse comme fondement initial

En matière judiciaire, c'est dès la fin du 19ème siècle que la Cour de cassation[109] estimera que « le fait de plaider alors qu'on a été évincé, constitue un manquement à la délicatesse ». Il n'existe alors « aucunes règles absolues interdisant de plaider », le secret professionnel n'ayant pas été utilisé comme argument de la part des juges. Il semblerait que ce soit la première fois que la Cour utilise la notion de délicatesse pour sanctionner un avocat ayant agi en présence de conflit d'intérêts entre ses clients[110]. Trois quarts de siècle plus tard, les juges du fond utiliseront la délicatesse, « alors même que cette notion est à la fois vague et claire »[111] en se référant directement à une source légale et non plus à une règle déontologique strictement morale[112]. En effet, l'article 106 du décret de 1972 dispose que « tout manquement à la probité, à l'honneur ou à la délicatesse même se rapportant à des faits extra-professionnels expose l'avocat qui en est l'auteur aux sanctions disciplinaires »[113]. Pour la Cour, « l'avocat qui a entendu un client (...) ne peut ensuite plaider pour son adversaire » car « l'avocat ayant enfreint l'obligation de délicatesse, porte atteinte à la réputa-

---

[109] Cass, Chambre des requêtes 19 janvier 1898, Dalloz 1898, p. 1 80.

[110] CAHEN (B.), Avocat face aux conflits d'intérêts, *Droit et Patrimoine*, Février 1994.

[111] CA Colmar, 8 juillet 1974, *Gaz. Pal.* 1975, p. 2530, note A. Damien.

[112] CA Versailles 25 Mars 1981, Gaz. Pal. 1981 Mai-Juin, 101ème année, n° 3, p. 369, note A. Damien.

[113] Art 106 Décret 72-468 du 9 juin 1972, dans sa version originale.

tion de l'ordre et à la confiance qu'inspire dans le public le ministère de l'avocat ».

En matière juridique, il nous faudra attendre dix ans pour que les juges du fond de la Cour d'appel de Versailles utilisent la notion de délicatesse en vue de « sanctionner l'intervention d'un conseil (...) apportant sa médiation à la réalisation de la vente au profit de [sa cliente] alors que l'incertitude régnait sur les droits antérieurs acquis par le premier acquéreur » [114], ce comportement devant être retenu comme « constituant un manquement à la délicatesse tel que visé à l'art.106 »[115].

La délicatesse est donc une notion utilisée par les juges pour justifier d'une interdiction à l'avocat, tant dans sa fonction judiciaire que dans sa fonction juridique, de défendre des parties ayant des intérêts opposés ou une partie dont les intérêts de l'adversaire auraient été préalablement portés à la connaissance de son avocat.

Remarquons que les termes d'intérêts opposés sont apparus en 1972 mais que pour autant, les juges du fond continueront de motiver leurs décisions sur le fondement de la délicatesse pour des situations qui auraient été bien plus adaptées au champ de l'article 84 qu'à celui de l'article 106.

2. L'apparition de la notion d'intérêts opposés dans les décisions judiciaires

En l'état actuel de nos recherches, il semble que ce soit lors de l'arrêt du 13 mai 1980 rendu par la Cour d'appel de Rennes que les juges du fond aient pour la 1ère fois utilisé la terminologie d' « intérêts opposés » dès lors qu'on serait en présence d'une « opposition d'intérêts »[116] en ce sens que la « simple connaissance de la situation d'un client » empêcherait l'avocat de devenir le défenseur de

---

[114] CAHEN (B.), Avocat face aux conflits d'intérêts, *Droit et Patrimoine*, Février 1994.

[115] CA Versailles 25 Mars 1981, *Gaz. Pal.* 1981 Mai-Juin, 101ème année n° 3, p. 369 note A. Damien.

[116] CAHEN (B.), Avocat face aux conflits d'intérêts, *Droit et Patrimoine*, Février 1994.

son adversaire, car en effet, il « suffit qu'il y ait un lien entre les affaires »[117].

Un an plus tard, le conseil de l'ordre fondera sa sanction sur l'« obligation déontologique de délicatesse ». Il sera suivi par les juges suprêmes mais sous la terminologie d'« intérêts opposés » tirée directement de l'article 84 du décret de 1972. En effet, « l'interdiction d'assumer des intérêts opposés concerne, non les dossiers qu'il faudrait analyser dans chaque espèce pour déceler ses liens de dépendance mais le statut même du professionnel »[118]. En l'espèce, un cabinet d'avocats, après avoir assigné un client pour le compte d'une banque, s'était vu défendre ce client postérieurement.

Afin de mettre en exergue la difficulté, tant pour les juges que pour la doctrine, de cerner la subtilité des deux terminologies bien que celles-ci soient distinctement visées, il convient de se référer à un arrêt rendu en 1983, où les juges du fond reprendront la notion de délicatesse pour assimiler le « correspondant » au « client » en estimant que « l'obligation de modération était une forme de délicatesse »[119].

Mais en 1990, la Cour d'appel de Montpellier, se fondant sur le texte du règlement intérieur national du barreau incriminé, reprendra la notion d'« intérêts opposés » : partant du postulat que « le concept de cabinet groupé est flou », « une notion insuffisamment déterminée », la Cour estimera que « deux avocats en cabinet groupé ne peuvent assister ou représenter en même temps des parties ayant des intérêts opposés »[120] mais qu'en sus, ils ne peuvent pas non plus « plaider l'un contre l'autre dans un litige où les clients sont opposés », car « bien que licite, cet exercice collec-

---

[117] CA Montpellier, Assemblée plénière, 25 Mai 1990, *Gaz. Pal.*, 5 Novembre 1990, p. 623 Note A. Damien.

[118] Cass 30 juin 1981, *1er cahier de jurisprudence, Dalloz 1982*, p. 165, note A. Brunois.

[119] CAHEN (B.), Avocat face aux conflits d'intérêts, *Droit et Patrimoine*, Février 1994.

[120] CA Montpellier, Assemblée plénière, 25 Mai 1990, *JCP* Edition Générale n° 27, 11 juillet 1990, act. 101630 - Jurisdata n° 1990-605104.

tif n'est pas sans danger »[121]. Bien que « la loi prohibe l'assistance de clients ayant des intérêts opposés (...) la jurisprudence amenée ici à affiner cette notion » se voit dans l'obligation de suggérer l'intervention du législateur. Cependant, conformément au texte, la Cour ne vise qu'à protéger les intérêts des clients afin de ne pas créer une situation de conflit eu égard à un cabinet d'avocats qui, s'il permet la mise à disposition de deux personnes physiques distinctes pour assurer leur défense, n'en est pas moins un cabinet groupé et donc, par analogie, une entité unique qui pourrait alors s'assimiler à un « défenseur » unique, ce qui rentrerait dans le cadre de l'article 84.

La notion d' « intérêts opposés » a fait son entrée dans les textes normatifs en 1972 mais pour autant, les juges ne l'utiliseront que 10 ans plus tard. Nonobstant, à la veille du décret de 1991, cette notion n'a encore jamais été utilisée par les juridictions judiciaires que pour des conflits entre les intérêts de plusieurs clients simultanément ou entre un client actuel et un antérieur, et donc en aucun cas, dans des conflits mettant en cause les intérêts de l'avocat.

Or la jurisprudence est constante sur ce sujet. Dans un arrêt récent[122], la Cour a refusé que l'avocat ayant entretenu une relation amicale avec la victime du prévenu qu'il défendait puisse être sanctionné sur le fondement du conflit d'intérêts, la Cour ayant préalablement « exclu l'existence d'un conflit d'intérêts au titre d'un cumul de missions de conseil ou de défense ». Mais, les juges du fond, en audience solennelle avaient considéré un « conflit d'intérêts et une perte d'indépendance de l'avocat » eu égard à sa relation amicale avec la victime. Cependant, il était impossible de confronter l'intérêt de l'avocat et celui du prévenu car ces « faits n'étaient pas précisés dans la citation ». En conséquence et en l'état actuel de nos recherches, il nous est donc impossible de prétendre que la règle du conflit d'intérêts pourrait concerner ceux de l'avocat. D'une part, pour des raisons de vice de procédure, nous n'avons pas l'avis tranché de la Cour et d'autre part le conflit

---

[121] CA Montpellier, Assemblée plénière, 25 Mai 1990, *Gaz. Pal.*, 5 Novembre 1990, 308-310, Jurisprudence 12, note R. Martin.

[122] Cass. civ. I, 14 juin 2007, n° 05-15160, inédit.

d'intérêts ayant été exclu, il pourrait s'agir du seul principe d'indépendance, cette hypothèse semblant, à notre sens, préférable eu égard à l'essence du texte.

En effet, comme vu précédemment, le décret de 2005[123] ainsi que le RIU[124] de 2004 ne visent que le conflit entre les intérêts des clients, « leurs intérêts » étant exclusivement ceux des parties.

Dans notre objet, le conflit d'intérêts ne vise que les intérêts des parties. Mais l'intérêt que le client confie à son avocat doit être en conflit avec un intérêt autre que celui à défendre. Il convient donc d'aborder le second critère du conflit d'intérêts : le conflit.

§ 2. Le conflit

Pour que le conflit existe, la présence d'au moins deux intérêts est une lapalissade. (A). Cependant, cette nécessité ne suffit pas à qualifier le conflit, ceux-ci doivent être opposés. (B).

A. La présence d'un intérêt autre que celui à défendre

Le conflit d'intérêts est relatif aux intérêts respectifs des clients « dans une même affaire » mais aussi dans une affaire dégageant des liens connexes avec un « ancien client ». En conséquence, l'application de l'article 7, alinéa 1, du décret du 12 juillet 2005 et l'article 4-1, alinéa 1, du règlement intérieur national, « suppose que l'avocat ait reçu mandat de plus d'un client »[125].

Il existe donc deux situations : d'une part, l'avocat qui dans le cadre d'une même affaire est saisi simultanément par des clients aux intérêts antagonistes, le divorce par consentement mutuel ou la rédaction d'un contrat de travail constituant des illustrations topiques, d'autre part, l'avocat qui est saisi par un client « si le secret des informations données par un ancien client risque d'être

---

[123] Art. 7 du décret n° 2005-790 du 12 juillet 2005 relatif aux règles de déontologie de la profession d'avocat.

[124] Décision à caractère normatif n° 2004-001 des barreaux de France qui institue le Règlement Intérieur Unifié (R.I.U.).

[125] Cass. civ. I, 24 septembre 2009, n° 08-14542, inédit

violé ou lorsque la connaissance par l'avocat des affaires de l'ancien client favoriserait le nouveau client »[126].

Dans le premier cas, la pluralité d'intérêts confiés pour une « même affaire » est nécessaire. En effet, dès lors que plusieurs intérêts sont confiés, ils sont susceptibles de conflit. Or si les intérêts arrivent « en un trait de temps », aucune prévalence chronologique ne pourra être envisagée. Les deux intérêts sont donc également visés par la règle.

Néanmoins, l'absence de pluralité d'intérêts n'exempte pas pour autant d'un potentiel conflit puisque, comme susvisé dans la deuxième hypothèse, l'intérêt du client ancien peut tout à fait entrer en conflit avec l'intérêt d'un unique client nouveau. Il faut remarquer que dans cette situation, l'intérêt que le texte vise à protéger est l'intérêt antérieur. En effet, dès lors que l'avocat se voit confier un intérêt, la protection de celui-ci sera permanente, en ce sens que la fin du contrat « client/avocat » n'emporte pas la fin de la protection de l'intérêt, celle-ci s'imposant pour chacun des intérêts confiés.

La règle a vocation à considérer par principe n'importe quel intérêt autre que celui à défendre dans un but unique : celui de protéger l'intérêt confié ou qui a été confié. En effet, qu'il soit issu du passé ou du présent, l'intérêt reste de même nature et sera considéré de manière équivalente puisque la véritable clé de voûte du concept prohibitif de notre objet est de le protéger.

B. La contradiction des intérêts confiés

Dans sa mission de conseil, le conflit d'intérêts est l'impossibilité pour l'avocat de « mener sa mission sans compromettre [...] les intérêts d'une ou plusieurs parties », la concurrence des intérêts pouvant se révéler notamment « par l'analyse de la situation présentée, par l'utilisation de moyens juridiques préconisés, par la concrétisation du résultat recherché »[127].

---

[126] Art. 4.1 al. 3 du RIN.

[127] Art. 4.2 al. 1 du RIN.

Dans sa mission de défense, le conflit d'intérêts obligerait l'avocat à adopter une « défense différente [...] de celle qu'il aurait choisie, si lui avaient été confiés les intérêts d'une seule partie »[128].

Le risque sérieux qui découle « d'une modification ou d'une évolution prévisible de la situation » initiale, « fait craindre à l'avocat une des difficultés visées ci-dessus »[129].

Le texte distingue donc le « conflit » du « risque sérieux de conflit ». Deux remarques s'imposent alors.

Tout d'abord, comment déceler le conflit du seul risque de conflit ? Le texte énonce que le risque s'apparente à une « crainte » quand l'existence exige une « impossibilité ». Et crainte ou impossibilité de quoi ? De mener à bien sa fonction. Pour qui ? L'avocat.

Ensuite, concernant le risque, le texte précise qu'il doit avoir un caractère sérieux ; or comment distinguer le « risque de conflit » du « risque sérieux de conflit » ? Deux raisons peuvent justifier cette précision textuelle : le texte tend à valoriser le risque de conflit afin que celui-ci soit considéré à égale importance du conflit avéré. Ou alors, implicitement, il entend sortir de son champ le risque de conflit dont le caractère sérieux ne serait pas établi.

Par ailleurs, il est nécessaire de considérer *a contrario* les cas dans lesquels le conflit n'existe pas. Dans son acception négative, la notion renvoie à l'absence de conflit d'intérêts lorsque « l'avocat conseille à ses clients après les avoir informés d'une stratégie commune » ou lorsque « dans le cadre d'une négociation, des avocats interviennent séparément pour les clients différents, informés de cette commune appartenance ».

En effet, il apparaît évident que la règle ait pour unique but de poser un standard juridique permettant, a posteriori au juge d'apprécier : il « serait absurde de se livrer à des idées absolues de

[128] Art. 4.2 al. 2 du RIN.

[129] Art. 4.2 al. 3 du RIN.

perfection, dans des choses qui ne sont susceptibles que d'une bonté relative »[130].

La notion de « conflit » n'existe pas dans notre langue séculaire. Il nous faudra donc nous en remettre à l'office du juge car, pour reprendre les termes de M. Portalis : « L'office de la loi est de fixer les maximes générales du droit et non de descendre dans les détails des questions qui peuvent naître sur chaque matière. C'est au magistrat, pénétré de l'esprit général des lois, à en diriger l'application ». Or seule l'étude du régime de la règle nous permettra *in fine* de parer à l'expectative de sa mise en œuvre.

130 PORTALIS, *Discours préliminaire de présentation du projet du code civil*, 21 janvier 1801 (1er pluviôse An IX).

2ème PARTIE

REGIME

Le conflit d'intérêts chez les avocats a pour effet d'imposer une obligation négative pour l'avocat : le traitement de principe est l'abstention. (Chapitre 1). Mais à défaut d'exécution, l'avocat sera sanctionné. (Chapitre 2).

Chapitre 1. Le traitement du conflit d'intérêts

La règle de principe est celle de l'abstention. (Section 1). Cependant les caractéristiques disciplinaires de l'avocat nécessitent un certain aménagement du principe, ce qui ne sera pas sans créer des difficultés de mise en œuvre. (Section 2).

Section 1. La gestion du conflit d'intérêts : une réaction unique imposée à l'avocat.

L'avocat doit se confronter à la règle dès lors que le conflit d'intérêts est caractérisé. (§ 2). Cependant, le conflit d'intérêts s'apprécie « lors de la saisine »[131] et « lorsqu'une modification ou une évolution de la situation qui lui a été initialement soumise »[132] fait apparaître la potentialité d'un conflit, voire un conflit avéré. Il est donc nécessaire de définir préalablement le moment où le conflit d'intérêts devra être apprécié. (§ 1).

§ 1. Le moment d'appréciation du conflit

Le conflit d'intérêts peut survenir « au jour de la saisine » [133] ou « lorsqu'une modification ou une évolution de la situation qui lui a été initialement soumise révèle à l'avocat une des difficultés susvisées»[134].

Ces difficultés se traduisent par l'impossibilité d'« analyse de la situation présentée », d'« utilisation des moyens juridiques préco-

---

[131] Art. 4.2 al. 1 et 2 du RIN.

[132] Art. 4.2 al. 3 du RIN.

[133] Art. 4.2 al. 1 et 2 du RIN.

[134] Art. 4.2 al. 3 du RIN.

nisés », ou de « concrétisation du résultat recherché »[135] pour sa mission de conseil. Dans le cadre de sa mission de représentation et de défense, ces difficultés sont définies comme une « assistance » le conduisant à « présenter une défense différente » dans « son développement, son argumentation et sa finalité »[136].

Le texte vise en effet deux critères temporels au cours desquels le conflit devra être apprécié. D'une part, le conflit devra être apprécié lors de la saisine. D'autre part, le conflit d'intérêts peut naître durant toute la mission de l'avocat dès lors qu'une évolution ou une modification de la situation initiale se manifeste.

Ces deux critères renvoient donc en amont à la même exigence : quels éléments rendent effective la « saisine de l'avocat » ?

A. La saisine de l'avocat

L'avocat ne peut être ni le conseil ni le représentant ou le défenseur de plus d'un client « dans une même affaire ». Or pour connaître le point de départ de l'investigation de l'avocat, encore faut-il s'entendre sur la définition de la saisine qui semble revêtir un caractère ésotérique.

1. Essai de définition

Deux conceptions de la « saisine de l'avocat » peuvent être adoptées : une extensive et une restrictive.

a) La conception restrictive de la saisine

Selon le Règlement Intérieur National, « l'avocat assiste et représente ses clients en justice (...) sans avoir à justifier d'un mandat écrit, sous réserve des exceptions prévues par la loi»[137]. En effet, « l'avocat doit justifier d'un mandat *ad litem*, sauf dans les cas où la loi ou le règlement en présume l'existence »[138].

---

[135] Art. 4.2 al. 1 du RIN.

[136] Art. 4.2 al. 2 du RIN.

[137] Art. 6.2 al. 1 du RIN.

[138] Art. 6.3 al. 2 du RIN, 416 du C. pr. civ.

Le mandat écrit n'étant pas obligatoire, nous envisagerons la saisine sous l'angle de la notion de « client » et donc du rapport client/avocat. Serait alors considérée comme client, la personne qui a manifesté la volonté de confier ses intérêts à l'avocat, celui-ci ayant pris connaissance de cette volonté et l'ayant acceptée. On retrouve ici tout le corollaire de la liberté du client et de l'avocat en ce sens que l'interlocuteur, ayant manifesté sa volonté de « saisir » l'avocat, obtiendra la qualité de « client » dès « l'acceptation de son dossier »[139]. La saisine se caractériserait donc par un contrat formel où seule la manifestation des consentements serait exigée.

Dans le cadre d'une mission judiciaire, où la procédure exigerait un mandat[140], la saisine serait alors assimilée au jour du mandat. Si celui-ci est écrit, la saisine serait écrite. Mais dans l'hypothèse où le mandat serait présumé, la saisine serait alors orale.

Dans le cadre d'une mission juridique, la saisine serait caractérisée par l'acceptation de l'avocat, écrite ou orale. Cependant, précisons ici que la présomption d'existence du mandat pourra être combattue en justice par la preuve contraire[141].

Cette conception a pour avantage de rendre la saisine visible et donc le point de départ de la mission de l'avocat, clair et accessible. Ainsi, toute la phase préalable au mandat ou plus largement, à l'échange des consentements serait exempte de contrôle du conflit d'intérêts. Pourtant, dans la pratique, cette acceptation est le plus souvent orale et laisse donc une grande marge d'appréciation au juge.

b) La conception extensive de la saisine

La personne qui vient exposer la mission qu'elle entend potentiellement donner ou confier à l'avocat est, par nature, dans l'expectative quant à son choix futur, puisque c'est en effet de

---

139 TAISNE (J.-J.), *Déontologie des Avocats*, Dalloz, 6ème édition 2009, p. 99 et s.

140 Art. 416 du Code de procédure civile qui dispose : « Quiconque entend représenter ou assister une partie doit justifier qu'il en a reçu le mandat ou la mission. L'avocat est toutefois dispensé d'en justifier ».

141 Cass. Com., 19 octobre 1993, n° 91-15795.

cette consultation qu'elle espère trouver solution ; n'est-ce pas la première phase de l'activité de conseil de l'avocat que d' « éclairer » ? Notre système compte sur les « conseils éclairés »[142] *in medias res* de l'avocat et incite voire impose aux parties de les solliciter. Armand-Gaston Camus décrivait d'ailleurs, dans ses lettres sur la profession, le consultant comme « une sorte de juge des affaires qu'on lui présente et sur la foi de l'avis duquel on se détermine à suivre une procédure ou à l'abandonner »[143]. Par ailleurs, l'avocat est tenu à une obligation d'information et de conseil d'urgence, laquelle s'entend comme une obligation de moyens[144]. Or dans ce dernier cas, l'acceptation n'a pas été librement consentie, et pour cause, seule la condition d'urgence emporte l'obligation d'information et de conseil.

Dans ces situations, toutes les règles déontologiques auxquelles l'avocat est soumis s'appliquent. Or le conflit d'intérêts est lié aux règles déontologiques. Par analogie, la « saisine » de l'avocat pourrait donc s'entendre à l'aune de « l'échange » entre une personne et un avocat, dès lors que celui-ci porte sur une « mission potentielle » qui se révèlera confiée par la suite ou non. Le critère essentiel serait alors objectif, le contenu de l' « échange » caractérisant la saisine.

Cette conception extensive exige de l'avocat qu'il évalue le risque de conflit d'intérêts dès la première « rencontre » avec un client potentiel, ce qui place celui-ci dans une protection maximum au regard de ses intérêts. Néanmoins, le risque de cette conception serait que l'avocat se voie dans l'obligation d'apprécier un conflit d'intérêts en-dehors de son cadre professionnel. Autrement dit, l'avocat soumis au litige d'une personne, par hasard, dans un cadre privé, devra-t-il apprécier le conflit d'intérêts ?

Que l'on opte pour une conception restrictive basée sur la notion de « client », ou pour une conception extensive basée sur la

---

[142] Cour Européenne des Droits de l'Homme, Cantoni c. France, arrêt n° 17862/91, 15 juin 1996, Recueil des arrêts et décisions 1996-V, § 35.

[143] Ader (H.), Damien (A.), *Règles de la profession d'avocats*, Dalloz 2012, Collection Dalloz-Action, n° 41.11, p. 406.

[144] Cass. Civ. I, 29 avril 1997, JCP, 1997, II, 22948.

notion « d'échange portant sur une mission potentielle », il semble difficile de donner un point de départ temporel manifeste et incontestable de la saisine de l'avocat.

Mais il apparaît raisonnable de considérer que la mission de l'avocat a pour point de départ la sollicitation par un client potentiel, qui se manifeste dès la première rencontre.

2. La pluralité de la saisine

Selon une conception extensive et donc protectrice de l' « usager », dès lors qu'un différend est exposé à un avocat dans le but d'obtenir un renseignement juridique mais aussi dès la survenance d'une quelconque modification postérieure à la saisine, le conflit d'intérêts devra être apprécié.

Or nous savons que dans la fonction de conseil, « il y a conflit lorsque l'avocat ne peut mener sa mission sans compromettre les intérêts d'une ou plusieurs parties », alors que dans la fonction de représentation et de défense, « il y a conflit lorsque l'assistance de plusieurs parties conduirait à une défense différente ». Le conflit d'intérêts dans la fonction de représentation exige donc la pluralité de saisine simultanée alors même que le texte ne semble pas le noter dans la fonction de conseil.

Dès lors que plusieurs parties passent la porte du cabinet d'un avocat, celles-ci ont, par essence, des intérêts divergents. Il en va par exemple du cas de la rédaction d'un contrat de vente où le « mandataire peut représenter à la fois le vendeur et l'acheteur (...) alors que leurs intérêts ne sont pas vraiment concordants »[145], mais plus largement de la rédaction d'un acte unilatéral où l'avocat ne pourra « être présumé avoir été le conseil de toutes les parties au contrat »[146]. Le droit des affaires est une illustration topique en la matière puisque lors d'une fusion ou d'un rapprochement d'entreprises, l'avocat est le conseil des deux entreprises qui bien qu'ayant un intérêt commun par l'objet même de la fusion n'en gardent pas moins bon nombre d'intérêts antagonistes. Enfin, en matière de divorce, les époux qui sollicitent l'avocat commun ont,

---

[145] GAUTIER (P.-Y.), Cour de cassation 1ère chambre civile, 3 Mars 2011, *RTD* Civil 2011, p. 366.

[146] Art. 7.3 du RIN.

au minimum, des intérêts pécuniaires divergents ; or « lorsqu'existe entre les époux un rapport de force déséquilibré, la défense simultanée de leurs intérêts peut s'avérer un exercice délicat »[147].

On se rend vite compte que lors de la saisine simultanée de deux parties sur une même affaire, les cas de risque voire de conflit d'intérêts foisonnent alors même qu'ils entrent dans la mission accordée à l'avocat. Autrement dit, en-dehors des situations dans lesquelles l'intérêt d'une des parties est manifestement en opposition avec celui de l'autre partie, le critère d'appréciation du conflit d'intérêts lors de la saisine simultanée relève plus d'un principe déontologique, qu'on ne peut que considérer comme acquis dans la pratique, que d'un critère légal objectivement protecteur : la frontière entre les missions légales confrontant des intérêts antagonistes et les situations de conflit d'intérêts prohibées étant éminemment ténue.

B. La durée de la mission et sa fin

L'appréciation du conflit lors d'une modification ou d'une évolution ne semble pas poser de problèmes particuliers, ces dernières pouvant être aisément considérées par l'avocat tout au long de sa mission. Ainsi, « l'avocat qui défend les deux époux dans le cadre d'un divorce sur requête conjointe méconnaît les règles du conflit d'intérêts, lorsqu'il dépose, au bénéfice du mari et à l'encontre de l'épouse, une demande de suppression de pension alimentaire donnant lieu à une décision réputée contradictoire »[148].

Cependant, dans sa mission juridique, lorsque l'avocat est chargé de rédiger un acte et qu'une des parties se désiste, pourra-t-il apporter son concours à une nouvelle partie ou reste-t-il lié à la première, empêchant alors la constitution de l'acte, alors même que toutes les autres parties le souhaitent ? En effet, l'avocat, s'il apporte son concours à une nouvelle partie alors même qu'il est

---

147 PIWNICA (D.), L'avocat face au divorce : quelle déontologie ?, *AJ Famille 2004*, p. 344.

148 FARTHOUAT (J.-R.), La déontologie française du conflit d'intérêts, Site de la fédération des barreaux d'Europe : www.fbe.org/IMG/pdf/Report_Jean-Rene_Farthouat-5.pdf.

toujours engagé avec l'ancienne serait alors générateur d'un conflit entre deux clients auxquels il apporterait simultanément son concours dans une même affaire. Néanmoins, lorsque l'avocat est chargé de rédiger un acte, la défaillance d'une des parties n'a pas à engendrer son incapacité à mener à bien cette mission, sous la seule justification qu'il est lié avec celle-ci. Un point final à la mission de l'avocat est donc nécessaire.

Les juges du fond ont tranché au sujet d'une promesse de vente où le premier acquéreur était insolvable, estimant « que l'honnêteté professionnelle comme la prudence recommandait [à l'avocat] de ne prêter son concours [aux vendeurs] pour la revente de leur fonds de commerce à de nouveaux acquéreurs qu'après que le sort de la première négociation ait été préalablement réglé ». Or, pour la Cour de Versailles, l'« incertitude sur l'étendue des droits antérieurement acquis »[149] résidait dans la détention par l'avocat de l'acompte du premier acquéreur. Autrement dit, l'incertitude des droits du premier acquéreur était liée à la « non-restitution de l'acompte » par l'avocat. *A contrario*, l'avocat, en restituant l'acompte mettrait donc fin aux droits du premier acquéreur avec certitude.

Nous n'avons que ce cas isolé en la matière mais il permet de souligner l'importance que pourrait revêtir le caractère pécuniaire de l'engagement eu égard à la fin de la mission de l'avocat. En somme, l'avocat qui détient des deniers ne peut que se considérer en cours de mission avec leur propriétaire et *in fine*, il serait alors permis de prétendre que le client, en réglant le solde des honoraires de son avocat, manifeste son accord quant à la fin de leur rapport. Cependant, l'assemblée plénière de la Cour de cassation a admis que l'avocat qui n'est pas payé dans sa globalité puisse « lorsqu'il a informé suffisamment à l'avance des conséquences du non-paiement de l'intégralité du montant »[150] se considérer comme délié de sa mission.

---

[149] FARTHOUAT (J.-R.), La déontologie française du conflit d'intérêts, Site de la fédération des barreaux d'Europe : www.fbe.org/IMG/pdf/Report_Jean-Rene_Farthouat-5.pdf.

[150] Cass. Ass. Plèn., 13 avril 2007, n° 06-19613.

C'est donc dans cette étendue aux contours assez flous que la règle du conflit d'intérêts devra être appliquée.

§ 2. Les modalités de traitement

Aux termes des règles déontologiques de l'avocat, celle du conflit d'intérêts renvoie expressément à ce qu'il convient de ne pas faire. Cette obligation légale est posée par le décret de 2005 et le RIN et ne pourra en aucun cas être complétée par les barreaux[151].

La règle du conflit d'intérêts « réside en ce que l'avocat ne peut mettre en œuvre des intérêts opposés »[152], l'obligeant ainsi à s'abstenir. C'est donc une obligation négative à la charge de l'avocat : il doit mettre fin à sa mission. (A). Cependant, dans certaines situations, un tempérament est accordé par l'autorisation du ou des clients. (B).

A. Le principe : la fin de la mission

La fin de la mission demeure la règle de principe : l'avocat doit se dessaisir face à un conflit d'intérêts ou face au risque sérieux qu'un tel conflit apparaisse.

Deux cas de figure sont donnés par le texte : le conflit dans une « même affaire » et le conflit « avec un ancien client ». En effet, dans une même affaire, l'avocat doit refuser de défendre les clients dont les intérêts sont en « conflit », en « risque sérieux de conflit » ou si le conflit survient. Par ailleurs, si l'affaire présente un « risque de violation du secret professionnel » ou un « risque d'altération du principe d'indépendance des avocats », le refus sera aussi de rigueur. La mission finie, dès lors que l'avocat décèle un « risque de violation du secret des informations » données, celui-ci devra se retirer. Enfin, lorsque l'avocat a connaissance d'informations données par un ancien client permettant de favoriser le nouveau, il ne pourra pas non plus défendre ce dernier.

---

[151] Cass. Civ. I, 21 janvier 2003, n° 01-03324, inédit – Cass. Civ. I, 18 novembre 2003, n° 01-00492, inédit – Cass. Civ. I, 28 septembre 2004, n° 02-17780, inédit.

[152] LIZOP (A.), VILLACEQUE (J.), Acte d'avocat : Contreseing et conflit d'intérêts, *AJ Famille 2011*, p. 297.

Par ailleurs, on constate que certaines situations entreront dans le domaine du conflit d'intérêts alors même qu'il n'existe qu'un risque, tandis que d'autres exigent une effectivité. Le risque caractérise le conflit d'intérêts dans les situations suivantes : le conflit à caractère sérieux, la violation du secret professionnel, l'altération du principe d'indépendance de l'avocat et la violation du secret des informations données par l'ancien client. Mais l'effectivité sera exigée pour ces situations : le conflit d'intérêts au moment de la saisine ainsi que tout au long de la mission et la connaissance des affaires de l'ancien client permettant de favoriser le nouveau.

En effet, l'obligation négative de l'avocat est avant tout un outil de prévention se manifestant par l'abstention, en amont de toute mission. Avant toute saisine, l'avocat doit s'abstenir si les parties en présence ont des intérêts en conflit ou en risque sérieux de conflit. Il en sera de même s'il risque de violer le secret professionnel ou si son indépendance risque de ne plus être entière. Par ailleurs, il devra aussi refuser une mission s'il existe un risque de violer le secret des informations précédemment obtenues ou s'il a connaissance d'une quelconque information provenant d'un ancien client et susceptible de favoriser la personne en présence.

Dans ces cas précités, l'avocat doit informer les parties sur son incapacité de principe à se saisir de l'affaire.

Mais si la mission a déjà été engagée, une règle subsidiaire existe obligeant l'avocat au retrait et cela, dès lors que surgit un conflit d'intérêts. Il devra informer ses clients en temps utile pour permettre à ceux-ci de le remplacer[153]. En effet, « le contrat entre avocat et client qui s'est formé sur la promesse d'une confiance réciproque doit pouvoir se défaire lorsque cette confiance vient à

---

[153] Art. 419 du code de procédure civile : « Le représentant qui entend mettre fin à son mandat n'en est déchargé qu'après avoir informé de son intention son mandant, le juge et la partie adverse. Lorsque la représentation est obligatoire, l'avocat ne peut se décharger de son mandat de représentation que du jour où il est remplacé par un nouveau représentant constitué par la partie ou, à défaut, commis par le bâtonnier ou par le président de la chambre de discipline ».

manquer en cours d'exécution. L'importance de *l'intuitu personae* ne peut s'accommoder de la règle ordinaire du *mutuus disensus* »[154].

Dans toutes ces situations, la règle du conflit d'intérêts constitue une limite à la liberté d'exercice de l'avocat, obligeant celui-ci à refuser ou interrompre son concours « au préjudice de son client peut-être, mais au bénéfice collectif de [son] art »[155].

Cependant, dans certains cas, l'avocat pourra tout de même subordonner son maintien à une autorisation de l'un ou des titulaires des intérêts en conflit.

B. L'exception : la poursuite de la mission

Dans certaines situations, l'autorisation permet à l'avocat de conserver sa mission Mais toutes ne s'y prêtent pas. Pour celles qui sont concernées, le conflit, après avoir été révélé, devra obtenir affranchissement.

1. Les cas exclus

Dans une même affaire, l'avocat ne peut être ni le conseil ni le représentant ou le défenseur des clients dont les intérêts sont en conflit avéré. C'est ainsi qu'en matière de divorce, l'avocat « qui a été le conseil commun d'époux dans une procédure de divorce par requête conjointe, devra refuser d'être ensuite le conseil de la seule épouse dans une autre procédure de divorce pour faute, puisque les intérêts pécuniaires des deux époux sont en opposition, l'accord allégué du mari étant sans portée, en l'espèce »[156] et cela, en dépit de ce que la plume de certains prétend[157]. Cependant, en refusant les sollicitations des parties en cause, il pourra conserver la défense de l'une d'elles. En matière correctionnelle, il en sera de même pour les co-prévenus dont il est évident qu'ils vont s'accuser mutuellement du rôle principal de l'affaire. Dans le domaine des ventes à la barre, après des divergences

---

[154] MARTIN (R.), *Déontologie de l'avocat*, Litec, 10ème édition, 2008, n° 53.

[155] LIZOP (A.), VILLACEQUE (J.), La peau du Roseau, *Gaz. Pal.*, 16 novembre 2010, n° 320.

[156] Cass. Civ. I, 20 janvier 1993, Dalloz 1993, p. 35.

[157] TAISNE (J.-J.), DOUCHY-OUDOT (M.), répertoire de procédure civile, *Dalloz 2013*, n° 451.

jurisprudentielles[158], la Cour de cassation, soutenue par le Conseil d'Etat[159] a fini par trancher : prévalence de la prévention des conflits au détriment du principe de liberté des enchères. En conséquence, l'avocat ne pourra pas non plus accepter de porter des enchères sur le même bien pour le compte de plusieurs mandants[160], car ces derniers ayant tous le même intérêt d'acquisition, la confrontation conduirait nécessairement à un conflit.

Lorsque sa mission est terminée, il ne pourra prendre un nouveau client, s'il risque de violer le secret des informations données par l'ancien ou si la connaissance d'informations données par le client antérieur est susceptible d'avantager le nouveau. En effet, dès lors que l'affaire présente un caractère de connexité avec les affaires dont il a été primitivement chargé, l'abstention reste la seule issue. Sera visé ici le cas topique de l'avocat qui ne pourra défendre l'adversaire de son client antérieur[161] mais aussi celui de l'avocat, rédacteur d'un acte pour plusieurs parties, qui ensuite plaide sur cet acte pour une seule des parties contre la ou les autres.

Dans ces trois hypothèses, l'obligation d'abstention est absolue et ne laisse place à aucun aménagement. A contrario, tous les autres cas de conflit d'intérêts laisseront aux parties la possibilité de garder leur avocat.

2. L'autorisation des parties : une exception indispensable à la profession

Il existe quatre situations pour lesquelles la révélation donnera la faculté au client de remédier au principe de prohibition par le biais de son autorisation : lors de la saisine si le risque de conflit est sérieux, en cours de mission si le conflit surgit, si le secret professionnel risque d'être violé ou si l'indépendance de l'avocat risque de ne plus être entière.

---

[158] Cass. Civ. I, 16 juillet 1987, n° 85-15092.

[159] CE, 5 octobre 2007, n° 282321.

[160] Cass. Civ. I, 26 novembre 2002, n° 00-18971 – Cass. Civ. I, 23 septembre 2003, N° 00-18972.

[161] Cass., Chambre des requêtes 19 janvier 1898, Dalloz 1898, p. 180.

Dans ces cas précités, l'autorisation des parties pourra se substituer au traitement initial de la situation de conflit d'intérêts.

En effet, dans un contentieux où s'affrontent des adversaires, l'abstention semble aisément applicable. En revanche, dès lors qu'on entre dans une fonction plus juridique, l'objet de la profession est de trouver un compromis entre des personnes aux intérêts par essence antagonistes. Il est apparu en conséquence absolument indispensable de permettre aux avocats de poursuivre leur mission, dès lors que les parties avaient été dûment informées, leur volonté de passer outre se manifestant par l'exigence d'une autorisation écrite. A cet égard, l'article 4.1 alinéa 1 du RIN n'exige pas l'*instrumentum* écrit, cependant, on considèrera qu'il est sous-entendu étant donné que l'article 4.1 alinéa 2, pour sa part ne l'omet pas.

L'avocat est un rédacteur de multiples actes synallagmatiques ayant pour conséquence de le confronter à des parties aux intérêts contradictoires. Par ailleurs, dans un but économique mais aussi structurel, à savoir le désengorgement des tribunaux de grande instance, lorsque les époux sont d'accord sur les effets de leur divorce, ils peuvent ne choisir qu'un avocat unique[162]. Dans ces hypothèses, on ne saurait lésiner sur l'importance des échanges préalables durant lesquels les clients devront recevoir une information complète, loyale et objective sur l'objet de la mission et sa portée. C'est à ce moment précis que l'avocat devra déceler le « risque de conflit d'intérêts ». En effet, « sous des volontés concordantes existent des intérêts distincts or pour rapprocher les parties, il faut obtenir des concessions réciproques avec autant de doigté que de persuasion »[163].

La confrontation entre conflit d'intérêts et risque de conflit d'intérêts, entre saisine simultanée de titulaires d'intérêts antagonistes et conflit d'intérêts avec un ancien client, entre abstention absolue et abstention relative, mais aussi l'émergence de nouvelles

---

162 Art. 230 du C. civ. : « Le divorce peut être demandé conjointement par les époux lorsqu'ils s'entendent sur la rupture du mariage et ses effets en soumettant à l'approbation du juge une convention réglant les conséquences du divorce ».

163 LIZOP (A.), VILLACEQUE (J.), Acte d'avocat : Contreseing et conflit d'intérêts, *AJ Famille 2011*, p. 297.

formes de règlements des avocats, constituent de nombreuses situations dans lesquelles la solution reste floue voire lacunaire.

Section 2. Les difficultés de mise en œuvre

Il existe de nombreuses difficultés de mise en œuvre de la règle mais nous porterons notre étude sur les trois principales qui conduisent, nous semble-t-il, à des interrogations inquiétantes. Une triple critique retiendra donc notre attention.

§ 1. Les avocats appartenant à une structure commune

Pour bien comprendre la problématique des conflits d'intérêts, il convient à titre préliminaire de préciser que la prohibition concerne les « dossiers personnels »[164] des avocats. Le texte vise en effet à empêcher les échanges entre avocats défendant des intérêts opposés mais ne concerne pas les avocats collaborant à la même cause ; l'intérêt étant, dans ce dernier cas, unique, « la question qui pourra être posée est celle du secret professionnel de l'ensemble des avocats qui collaborent à l'égard du client commun »[165], mais cette situation ne concerne pas notre objet.

Par ailleurs, les précautions légales liées à l'exercice professionnel se bornent au cabinet professionnel, or qu'en est-il du « cabinet privé » qui n'est autre que le cas particulier des avocats mariés défendant des intérêts opposés ? L'esprit de notre législation, dans ce cas particulier, pourrait-il viser, par analogie, le « foyer » ?

A. La structure d'exercice commune

Les avocats d'une même structure ont non seulement « l'interdiction de plaider l'un contre l'autre dans un litige où les clients sont opposés, ce qui est aisément applicable et contrôlable » mais ils ont, en sus, l'interdiction « d'assister ou de représenter en même temps des parties ayant des intérêts oppo-

---

164 Art. 4.1 al. 5 RIN.

165 MARTIN (R.), La confidentialité des correspondances entre avocats adverses, *La Semaine Juridique*, Edition générale n° 38, 21 septembre 1994, I 3787.

sés, même s'il ne doit exister aucun lien entre les affaires dont ils sont respectivement saisis »[166]. Cependant, les avocats membres d'une même structure pourront intervenir séparément dans la phase de conciliation et de négociation, dès lors que les clients auront été informés de cette commune appartenance.

En effet, les juges du fond ont estimé qu'une société d'avocats ayant procédé à la vente aux enchères publiques d'un immeuble au bénéfice du banquier pouvait, par la suite, défendre les intérêts de l'une des codébitrices de l'emprunt dudit immeuble, la situation « n'établissant pas l'existence d'un conflit ou d'un risque de conflit »[167]. Bien que cet arrêt isolé semble réduire sensiblement l'impact du principe prohibitif sur les structures, on pourrait tout à fait considérer que l'absence de simultanéité des affaires ait joué un rôle dans la motivation. Mais il n'en est rien. En effet, dans un arrêt inédit de 2003, la Cour de cassation a estimé qu'une avocate, collaboratrice de la société poursuivante, pouvait défendre les intérêts du créancier poursuivi dans une affaire « distincte » qui ne « concernait pas les mêmes parties ». En l'espèce, un liquidateur représenté par la société SCP poursuit son débiteur qui, en procès avec la CRCAM prendra comme représentant une des collaboratrices de la société SCP. On a donc d'une part, la liquidation et d'autre part, une procédure avec la CRCAM ; or dans un cas, le débiteur est poursuivi par la société SCP et dans le second, le débiteur est défendu par une des collaboratrices de cette même société SCP. La Cour considèrera que le débiteur « ne rapportait pas la preuve d'un conflit d'intérêts ni même du risque d'un tel conflit »[168].

Dans cette affaire, les procédures sont simultanées ce qui accroit la difficulté de compréhension. La Cour semble attacher une importance notoire à la seule qualité de collaborateur de l'avocate « qui n'est [donc] pas membre de la SCP » d'une part et au fait que

---

166 CA Montpellier, Assemblée plénière, 25 Mai 1990, *JCP* Edition Générale n° 27, 11 juillet 1990, act. 101630 - Jurisdata n° 1990-605104.

167 CA Versailles, 14ème chambre, 17 septembre 1997, JCP Edition Générale n° 42, Jurisprudence 22928, note R. Martin, Jugement confirmatif du Tribunal de Pontoise.

168 Cass. Civ. I, 4 février 2003, n° 98-12112, inédit.

le liquidateur est le représentant de l'ensemble des créanciers et non de la seule CRCAM d'autre part. La distinction entre l'ensemble des créanciers et la seule CRCAM peut être entendue d'un point de vue juridique mais laisse dubitatif d'un point de vue éthique. Cependant, la distinction entre « collaborateur » et « membre » dont tout le raisonnement découle est, quant à elle, difficilement compréhensible puisque l'article 4.1 alinéas 4 et 5 du RIN vise respectivement les deux.

En 1990, l'absence de définition des « cabinets groupés » était entendue comme un vide juridique, alors même que nous faisons nôtre[169] l'absence de l'expression « vide juridique » de notre langue séculaire ; il n'en est pas moins que son utilisation par la doctrine met en exergue un domaine lacunaire. L'ambiguïté grammaticale du texte de l'époque permettait par un raisonnement *lege lata* des juges du fond de ne considérer comme concernés que les collaborateurs et non les associés ou les membres du cabinet de groupe. En effet, « cette notion ne saurait être étendue à des cas tels que la mise en œuvre par des cabinets d'avocats indépendants d'un système informatique unique, d'un système de dactylographie ou de secrétariat, voire même d'un groupement d'intérêts économiques regroupant des professionnels distincts par des liens ténus »[170]. Mais le législateur n'a pas suivi cette partie de la doctrine et aujourd'hui, le groupement d'exercices comme le groupement de moyens sont visés. Or, dans l'arrêt SCP, les critères sont inversés puisque la Cour affranchit l'avocat-collaborateur en laissant entendre que la solution aurait été autre si l'avocate avait été membre. Alors que le texte optait pour élargir au maximum la notion de « cabinets groupés », la Cour de cassation ne se contente pas de revenir sur ce qu'on pensait acquis en 1990 mais va même au-delà, en remettant en cause la prohibition du conflit d'intérêts à l'encontre des avocats-collaborateurs.

Il est à espérer que cet arrêt soit isolé car, si les intérêts du créancier et du débiteur dans un contrat d'emprunt ou dans une

---

[169] RONDEAU-RIVIER (M.-C.), L'alibi du vide-juridique, *Economie et Humanisme*, n° 318, juillet-septembre 1991.

[170] CA Montpellier, Assemblée plénière, 25 Mai 1990, *Gaz. Pal.*, 5 Novembre 1990, p. 623 Note A. Damien.

liquidation judiciaire peuvent être défendus par une même structure -ou collaborateurs-, l'essence même des articles 4.1 alinéas 4 et 5 du Règlement Intérieur Unifié perdrait alors considérablement de sa substance, de sa portée, mais surtout de son avancée en terme de clarification.

B. L'absence de considération de la structure « personnelle » commune : le « foyer »

Bien que le cas des avocats mariés ou concubins exerçant séparément mais défendant des intérêts opposés n'ait pas été expressément visé par les textes, les juges du fond ont eu à se prononcer sur cette question. En 1992[171], ils ont estimé que « le règlement intérieur d'un barreau ne saurait interdire à deux avocats mariés ou concubins de se charger de clients ayant des intérêts opposés » -le règlement intérieur unifié n'existant pas à l'époque, il appartenait à chaque barreau de se prononcer sur ces questions déontologiques-.

Cet arrêt n'a cependant pas empêché le conseil du barreau d'Albertville d'interdire à ses membres « d'accepter un mandat contre un adversaire défendu par son conjoint ou concubin, lui-même avocat ». Mais les principes de liberté et d'indépendance de l'avocat conduiront les juges à annuler la délibération déférée : « Le respect rigoureux de ces règles confié par le législateur à l'autorité tutélaire des ordres, est au demeurant de nature à préserver le capital de confiance dont jouit l'avocat avec une efficacité plus réelle qu'une interdiction qui présuppose un état de dépendance et de connivence nécessairement lié à un statut légal ou social, alors qu'un tel état peut procéder d'autres liens noués entre des professionnels dont l'intelligence aura été d'éluder le piège du statut ou d'y renoncer, subissant alors une atteinte non moins réelle au respect de leur vie privée garanti par l'art. 9 c. civ. »[172].

---

[171] CA Chambéry, 12 novembre 1992, n° 050602.

[172] BRUNOIS (A.), *Limites du pouvoir réglementaire du Conseil de l'ordre : libre exercice de la profession*, Dalloz 1994, p. 139.

Cependant, ce que le texte interdit à toute structure, incluant les structures de moyens n'ayant pour seul point commun que leur secrétaire, résistera-t-il à la « confidence de l'oreiller »[173] ?

En effet, cet arrêt énonce une limite compréhensive à l'étendue de la règle dans l'espace : une interdiction statutaire destinée aux « couples » d'avocats chargés de défendre les intérêts antagonistes de clients porte atteinte à l'article 9 du code civil. En conséquence, il n'est pas envisageable d'étendre la notion de « structure commune » au foyer. Confronté à l'impossibilité de prohiber, il convient de s'en remettre au « capital confiance dont jouit l'avocat », et notamment à « l'indépendance et à la délicatesse des membres du barreau »[174].

La prévalence d'un droit fondamental protégé par l'article 8 de la Convention de Sauvegarde des droits de l'homme et des libertés est juridiquement parfaitement compréhensible, la prohibition constituant, en l'espèce, une atteinte manifestement disproportionnée eu égard aux intérêts antagonistes en présence. Le règlement intérieur national n'évoque d'ailleurs pas cette situation. Mais ce que la règle ne peut protéger n'en commande pas moins aux valeurs internes de l'avocat de l'envisager. De la même manière qu'il ne serait pas « sain que l'avocat conjoint ou concubin d'un juge plaide devant lui ses affaires »[175], il ne serait pas délicat que deux avocats mariés s'affrontent sur une même affaire.

§ 2. Le rayonnement des intérêts

Le conflit d'intérêts est envisagé lorsqu'il se manifeste dans une « même affaire », cette affirmation permettant d'évacuer l'appréciation du conflit d'intérêts dans des affaires distinctes. Cependant, il est possible d'envisager la possibilité que l'intérêt autre ne se présente pas simultanément et dans cette hypothèse, qu'est-ce alors qu'une « même affaire » ?

---

173 MARTIN (R.), *Déontologie de l'avocat*, Litec, 10ème éd., 2008, n° 52.

174 TAISNE (J.-J.), DOUCHY-OUDOT (M.), répertoire de procédure civile, Dalloz 2013.

175 MARTIN (R.), *Déontologie de l'avocat*, Litec, 10ème éd., 2008, n° 52.

Que cette affaire soit passée ou simultanée, l'appréciation des juges s'avère très extensive, ce qui ne facilite pas son application.

A. Le rayonnement de l'intérêt issu d'une procédure distincte mais simultanée

Les termes « même affaire » peuvent être entendus selon une identité d'objet ou une identité de parties, voire même des deux. Si l'on considère l'identité d'objet, l'avocat qui a rédigé le contrat de travail entre un employeur et son salarié pourra tout à fait défendre les intérêts de la SCI appartenant à l'employeur parmi les locataires desquels se trouve le salarié ; l'affaire étant distincte, les intérêts ne seront donc pas confrontés. En effet, dans la première affaire, les intérêts ne sont pas considérés comme conflictuels. Dans la deuxième, l'avocat n'a que les intérêts de la SCI à défendre. Cette conception objective a l'avantage de permettre au client porteur d'intérêts divers de les confier à un même conseil ce qui, dans la pratique, se révèle fréquent. A l'inverse, si la seule identité de parties suffit à monopoliser la règle, cela promet de nombreuses difficultés pour la profession. Pourtant, les intérêts « apparemment en cause dans un conflit ne s'identifient pas toujours aux véritables enjeux de celui-ci »[176].

En 1981, la Cour de Cassation estime, dans un arrêt de rejet que « l'existence d'intérêts opposés ne postule pas l'identité des affaires ni même l'existence d'affaires étroitement connexes »[177]. En l'espèce, un entrepreneur poursuivi par son banquier confia à l'avocat de ce dernier des dossiers de recouvrement pour son propre compte. L'entrepreneur était donc le débiteur dans le premier cas et le créancier dans le second ; or « lorsque l'avocat assure la défense simultanée dans deux affaires différentes d'une banque créancière et de son débiteur, il ne [peut] ignorer la seconde procédure lorsqu'il intervient au titre de la première, contrairement à

---

[176] ARRUE (J.-F.), Contradiction d'intérêts, *http://www.expertassure.com/cm/text/textci_enm.pdf*, 2007. Avocat au barreau de Lyon.

[177] Cass. Civ. I, 30 juin 1981, n° 80-15557.

l'avocat qui n'aurait pas pour client celui contre lequel il agit »[178]. Pour la Cour, le risque est trop grand. Dans cette affaire, les objets sont distincts mais on ne peut que constater que l'issue de l'une aura une conséquence directe sur l'autre : l'entrepreneur payé pouvant alors régler son banquier. Pourtant, ce sera sur l'unique identité de parties que la Cour fondera sa motivation.

Néanmoins, lorsqu'il s'agit de structure d'exercice, la Cour de cassation -dans l'arrêt précédemment cité de 2003 mettant en cause la société SCP- semble être beaucoup plus permissive en considérant que l'avocat collaborateur est indépendant de la structure à laquelle il appartient. En effet, la Cour acceptera qu'une avocate défende un débiteur dans une procédure contre la CRCAM alors même que ce débiteur était poursuivi par un liquidateur ayant choisi pour le représenter le propre cabinet de l'avocate dans lequel elle était collaboratrice. Pour la Cour, d'une part le liquidateur qui représente tous les créanciers, ne peut être assimilé à la seule caisse régionale : il n'y a donc pas identité de parties, et cela, alors même que dans les deux cas le défendeur sera la société et les poursuivants seront un ou des créanciers ; d'autre part, la Cour ne se prononcera pas explicitement sur l'identité d'objet des deux affaires puisqu'elle se contentera d'affirmer que les procédures étaient « distinctes », alors même que nous sommes dans le cadre plus large d'une liquidation judiciaire.

Bien que nous n'ayons que ces deux arrêts, les juges du fond semblent avoir une interprétation très extensive de la similitude des affaires lorsqu'il s'agit de l'avocat, entité unique. En revanche, dans le cadre d'une structure, la tolérance de la Cour suprême dénature considérablement la portée du texte en faisant fi de sa téléologie qui tendait à soumettre structure et avocat aux mêmes exigences. En effet, nous pensions que l'avocat était tenu de refuser un dossier « lorsqu'il avait déjà accepté une mission incompatible avec celle qu'on lui propose »[179]. Or, si ici

---

[178] FARTHOUAT (J.-R.), *La déontologie française du conflit d'intérêts*, Site de la fédération des barreaux d'Europe : www.fbe.org/IMG/pdf/Report_Jean-Rene_Farthouat-5.pdf.

[179] TAISNE (J.-J.), DOUCHY-OUDOT (M.), répertoire de procédure civile, Dalloz 2013.

l'incompatibilité n'est pas manifeste, qu'est-elle alors ? Il est à espérer que ce soit le contexte structurel qui ait provoqué cette solution incompréhensible.

Nonobstant, la gestion du conflit d'intérêts révèle encore une difficulté supplémentaire lorsque l'intérêt protégé provient d'une procédure antérieure, le secret professionnel s'étendant, comme nous le savons, *rationae temporis* à la période postérieure à la fin du mandat.

B. Le rayonnement de l'intérêt issu d'une procédure antérieure

Dans son acception symbolique, le texte vise tous les intérêts qui ont été confiés à un avocat. En conséquence, ne pourra être défendu le nouveau client ayant un intérêt générant un « risque de violation du secret des informations données par un ancien client » ou une éventuelle faveur découlant « de la connaissance [par] l'avocat, d'affaires de l'ancien client »[180]. Le principe de prévalence de la mission effectuée sur la potentielle saisine étant clairement posé, le texte présuppose un principe de prohibition du nouveau client ayant des intérêts connexes avec un ancien client. (A). Cependant, les conditions posées par le texte permettent d'affirmer *a contrario* qu'il est donc possible de défendre un nouveau client contre un ancien client, « lorsque le secret des informations données par l'ancien client ne risque pas d'être violé ou lorsque la connaissance, par l'avocat, des affaires de l'ancien client ne risque pas de favoriser le nouveau client »[181]. Or la jurisprudence récente motive de plus en plus sur l'exception, au détriment du principe. (B).

1. Principe de prohibition du nouveau client ayant des intérêts connexes avec un ancien client

L'avocat ne peut utiliser les informations révélées par un ancien client d'une part et ne peut favoriser le nouveau client avec

---

[180] Art. 4.1 al. 3 du RIN.

[181] FARTHOUAT (J.-R.), *La déontologie française du conflit d'intérêts*, Site de la fédération des barreaux d'Europe : www.fbe.org/IMG/pdf/Report_Jean-Rene_Farthouat-5.pdf.

des éléments qui ont été portés à sa connaissance par un client antérieur d'autre part.

La première interdiction vise expressément le secret professionnel ce qui ne pose pas de difficultés particulières. En effet, « constitue un manquement aux devoirs de la profession d'avocat (...) le fait par un avocat, après s'être chargé des intérêts d'un client dont il a reçu les pièces, les explications et un acompte d'honoraires, d'accepter la défense de l'adversaire de ce client (...) Ce que lui interdirait le respect du secret professionnel »[182]. En conséquence, l'avocat, après avoir été le conseil commun de deux époux dans le cadre d'un divorce par requête conjointe ne pourra « intervenir pour le compte de l'épouse dans la procédure de divorce pour faute qu'elle engage par la suite »[183].

La deuxième situation commande à l'avocat de refuser l'affaire « lorsque la connaissance des affaires de l'ancien client favoriserait le nouveau ». Or la tournure sémantique porte à considérer que la conséquence prend une importance toute particulière au détriment des attributs de l'information donnée. Point n'est nécessaire que celle-ci ait été secrète, la simple connaissance, dès lors qu'elle peut mener à une quelconque faveur -la potentialité ayant toute son importance ici- suffit à qualifier le conflit. Trois critères sont donc donnés : la connaissance d'une information d'une part, la provenance de l'ancien client d'autre part, la faveur du nouveau client enfin.

Dans cette hypothèse, la « connexité » de l'affaire sera entendue pour les juges du fond de Colmar au sens le plus large qu'il soit. Concédant que « l'avocat reprend sa liberté si, délaissé par un de ses clients, il est ensuite sollicité de plaider contre lui », ils préciseront qu' « encore faudrait-il en pareil cas que les affaires dont il accepterait la charge fussent entièrement distinctes de celles à propos desquelles ce client l'a précédemment consulté ». En effet, « c'est un principe inflexible et rigoureux qu'un avocat qui, dans ses relations avec une partie, a reçu des confidences, vu des pièces, connu des faits, ne peut accepter contre ce client une cause dans

---

[182] Cass., Chambre des requêtes 19 janvier 1898, Dalloz 1898, p. 1 80.

[183] Cass. Civ. I, 20 janvier 1993, n° 91-15548, Dalloz 1993, p. 35

laquelle les confidences reçues et la connaissance des pièces communiquées ou des faits révélés pourraient exercer une influence quelconque »[184].

Le secret professionnel a un caractère absolu empêchant de défendre l'ancien adversaire. Par ailleurs, dès lors que l'avocat a connaissance d'éléments qui lui permettraient de favoriser son nouveau client, l'interdiction est aussi de rigueur car la règle s'étend bien au-delà du « secret » stricto sensu, et comprend aussi « ce que le dépositaire a pu constater, découvrir ou déduire personnellement »[185].

Cependant, et nous emprunterons pour conclure les métaphores de MM. Lizop et Villacèque, « il y a, semble-t-il, un conflit entre deux légitimités, ou plutôt deux principes : celui qui tendrait à dire que le temps efface tout et que les éléments d'un dossier s'estompent progressivement comme l'encre ou le papier qui en est le support. Il arriverait ainsi un moment où chaque acteur, parti et conseil, serait en quelque sorte lavé des souvenirs disparus et retrouverait une légitimité nouvelle. Il pourrait alors occuper un « emploi » -au sens que ce terme a au théâtre- différent, voire opposé, à celui qu'il tint auparavant. Un autre principe, contraire au précédent, est de considérer que défendre un client passe, mais l'avoir défendu demeure comme une marque, un jalon dans la vie privée du client et dans la vie professionnelle de son avocat.

Dès lors, au-delà même de la fin du litige et du temps qui s'écoule, l'obligation demeure de rester fidèle à une cause passée en s'empêchant de prendre la défense d'intérêts contraires. Cette position, est peut-être trop belle pour être complètement réelle »[186].

---

[184] CA Colmar 8 juillet 1974, *Gaz. Pal.* 1975, p. 2530, note A. Damien.

[185] Cass. Crim., 2 mars 2004, n° 03-85.295, inédit.

[186] LIZOP (A.), VILLACEQUE (J.), La peau du Roseau, *Gaz. Pal.*, 16 novembre 2010, n° 320.

2. Une jurisprudence qui atténue considérablement ce principe

Bien que l'interdiction de défendre les intérêts de l'adversaire de l'ancien client ait été toujours appliquée à la lettre pendant plus d'un siècle, cette affirmation ne saurait être faite en méconnaissance de la position isolée des juges d'Aix-en-Provence ou de Caen, ceux-ci ayant eu à se prononcer sur des cas d'espèces pertinents en la matière. Les premiers n'auront aucun scrupule à tolérer que l'avocat précédemment chargé des intérêts d'un syndic engage postérieurement une action contre celui-ci, sur la seule considération « qu'au moment de l'assignation il n'était plus chargé des intérêts que ce syndic pouvait être appelé à défendre en justice »[187]. Les seconds ne verront aucun conflit d'intérêts quand l'avocat, représentant des époux dans une procédure de divorce par consentement mutuel, engage une nouvelle procédure au soutien de la seule épouse. Les juges de la Cour de Caen, suggéraient en l'occurrence de « solliciter par écrit »[188] l'avis de l'ancien client avant d'engager une procédure contre lui. Or qui accorderait à son défenseur de l'attaquer ?

Dans les deux cas, les juges du fond, en absence d'identité d'objet reviennent donc sur le principe d'abstention absolue lorsqu'il s'agit des intérêts de l'ancien client. Or quand bien même le conflit n'aurait pu être qu'au stade de risque, il eût été sage, en amont que l'avocat se déporte, en aval que les juges du fond s'insurgent. Sinon, qu'advient-il de l'article 4.1 alinéa 3 du RIN ou de l'article 7 alinéa 3 du décret de 2005 ayant pour miroir l'article n° 21.3.2.3 des règles européennes relatives à la profession ?

A ce stade, il convient d'adopter un degré d'inquiétude raisonnable, ces décisions n'émanant pas de notre Cour suprême. Mais à ce stade seulement.

Car dans un arrêt récent du 3 mars 2011, la 1ère chambre civile de la Cour de cassation va confirmer ce basculement, ce tournant, cette scission avec le paradigme des pratiques de l'avocat. En

---

[187] CA Aix-en-Provence, 24 octobre 1983, *Gaz. Pal.* 1984, p. 186, note A. Damien.

[188] CA Caen, 25 juin 2010, n° 10-00755.

l'espèce, l'avocat d'une partie dans un litige opposant ladite partie à une banque pour la nullité d'une sureté, est devenu l'avocat de la partie adverse à savoir l'établissement bancaire, s'agissant d'une procédure de saisie-immobilière ayant pour objet la créance. En d'autres termes, l'avocat qui représentait, dans une demande de nullité, la mère d'un couple d'acquéreur ayant consenti une sûreté à leur banquier, prendra les intérêts du banquier en vue de la saisie immobilière du bien grevé. Dans la première affaire, l'avocat représente le garant du bien immobilier ayant pour adversaire le banquier. Dans la seconde, l'avocat va devenir le représentant de cet adversaire. Or nous savons que le texte interdit de prendre le nouveau client si « le secret des informations risque d'être violé » ou si « la connaissance des affaires de l'ancien client favoriserait le nouveau ». Il est inutile d'aller plus loin pour constater que l'avocat a eu connaissance d'un certain nombre d'informations provenant de la mère, informations qui ne peuvent que favoriser le banquier. En effet, « comment affirmer que l'analyse de la situation par l'avocat de la banque n'a pas été en partie inspirée par les faiblesses du dossier perdu par le débiteur ? »[189]. Pourtant, la Cour de cassation ne considèrera que l'interdiction relative au secret professionnel : « l'avocat n'avait pas, dans l'exécution de son second mandat, exploité, en violation du secret professionnel, des informations confidentielles obtenues dans l'accomplissement du premier »[190], alors même que la violation du secret professionnel n'est qu'un des critères du conflit d'intérêts. L'omission déterminante de la Cour quant au dispositif obtenu a-t-elle pour effet de mettre en désuétude le critère de la simple « connaissance » ?

Par ailleurs, le nouveau client n'étant autre que l'adversaire direct et immédiat relativement au même bien et sur une question connexe, s'il n'y avait pas eu violation du secret professionnel, on ne pouvait cependant en écarter le risque. Or la Cour de cassation ne le voit pas ainsi.

Par cet arrêt, elle omet la simple « connaissance en faveur du nouveau client » et ne qualifie pas le risque de violation du secret

---

[189] DU PARC (J.), Avocats et conflits d'intérêts, *Gaz. Pal.*, 24 mai 2012, n° 145, p. 73.

[190] Cass. Civ. I, 3 mars 2011, n° 10-14012.

professionnel dans une affaire « connexe ». Or, dans les deux cas, la prohibition du conflit d'intérêts aurait été absolue.

Mais *in fine*, elle dénature le contrat avocat/client dont l'existence perdure, bien après la résolution de l'*instrumentum*. Or aux vues du droit des contrats « n'existe-t-il pas, fondé sur la transparence et la loyauté due au contractant ancien et actuel, un véritable principe général d'obligation de prévenir les conflits d'intérêts par l'abstention d'accepter l'affaire convoitée ? »[191]. En acceptant, l'avocat s'exposerait au principe de loyauté envers son ancien client et à celui de délicatesse à l'égard du nouveau.

Pourtant, les juges suprêmes, l'année suivante, confirmeront leur jurisprudence : « il n'était pas établi que cette circonstance ait altéré [...] la loyauté de l'avocat à l'égard de son client »[192]

Le droit écrit, aux sources démultipliées, a pour objectif d'apporter une amélioration. Or, la question du conflit d'intérêts, qui ne peut être lue qu'à la lumière de son interprétation, laisse l'intérêt de l'ancien client se réduire comme peau de chagrin. Ce que les us et coutumes ont su imposer au fil des siècles, la Cour de cassation l'a abandonné en un simple « attendu ». C'est avec une crainte justifiée, mais non dépourvue d'optimisme, qu'il nous faut nous en remettre à nos juges suprêmes en espérant que l'« art du concerto »[193] saura se révéler au paroxysme de son efficacité.

Certains pensent que « pour éliminer ce risque, l'avocat aurait dû solliciter l'accord de son client »[194] ; or nous rappellerons seulement que l'autorisation n'est pas une alternative lorsqu'il s'agit d'un ancien client, la règle posant en la matière une abstention absolue.

---

[191] Cass. Civ. I, 3 Mars 2011, *RTD Civil 2011*, p. 366 note P.-Y. Gautier.

[192] Cass. Civ. I, 31 octobre 2012, n° 11-15529.

[193] CANIVET (G.), Cour de cassation et doctrine « effets d'optique », *Mélanges J.-L. Aubert*, Dalloz 2005, p. 373.

[194] DU PARC (J.), Avocats et conflits d'intérêts, *Gaz. Pal.*, 24 mai 2012, n° 145, p. 73.

§ 3. Les avocats conseil et partie ?

Le paiement de l'avocat se manifeste par les honoraires, « don spontané de la reconnaissance du client »[195]. Néanmoins, le comité d'éthique de l'ordre des avocats a décidé que « le paiement des honoraires d'avocats par dation d'actions ou de parts sociales de sociétés était déontologiquement possible (…) mais devait être accepté avec la plus grande prudence »[196]. En effet, face à la « nouvelle économie », les avocats sont de plus en plus sollicités par des « start-up », cependant incapables de rémunérer les prestations juridiques auxquelles elles ont recours. C'est donc naturelle-naturellement que la pratique s'est dirigée vers un paiement en actions.

L'avocat, sollicité pour la constitution ou l'entrée en bourse de ces entreprises va-t-il, dans son activité de conseil rester pleinement indépendant de la mission pour laquelle il est sollicité ? Pragmatiquement, tant que sa convention d'honoraires n'est pas acceptée, l'avocat ne pourra être considéré comme partie. Mais dès lors qu'il est effectivement saisi, il a connaissance de sa qualité de futur actionnaire, et ne pourra qu'être considéré comme tel. Enfin, lors de la signature de l'acte pour lequel ses services ont été sollicités, il devient incontestablement actionnaire et sa qualité de partie ne fait alors plus aucun doute : il entre dans le champ des personnes protégées et doit confronter ses intérêts aux intérêts en présence.

En poussant le raisonnement à son paroxysme, il revêtirait donc la double qualité d'avocat et de partie dès lors qu'il a connaissance que sa mission aura pour conséquence de le rendre actionnaire de l'une des personnes morales le sollicitant ou de celle qui a la charge de constituer. Devenu une institution moniste bicamérale, l'avocat sera donc client dont l'intérêt est susceptible d'entrer en conflit avec l'intérêt d'une autre partie, et avocat, garant des intérêts de tous ses clients mais aussi du sien. Or cette situation touche à l'efficience même des règles déontologiques

---

[195] CAMUS (A. G.), *Lettres sur la profession d'avocat*, Hérissant, Paris 1772.

[196] Avis du Comité éthique de l'ordre des avocats à la Cour de Paris, le 6 juillet 2000 - Bulletin du barreau de Paris n° 28 du 10 octobre 2000.

comme l'indépendance, la délicatesse, la loyauté, le désintéressement, mais aussi et surtout l'impartialité. Nous ne résisterons pas à la tentation qui nous est faite de citer ici l'une des maximes les plus célèbres de La Rochefoucauld : « Toutes les vertus des hommes se perdent dans l'intérêt, comme les fleuves dans la mer »[197].

En effet, d'une part, la fonction de conseil de l'avocat lui donnera accès à des informations privilégiées qu'il pourra alors utiliser à son profit. D'autre part, sa qualité de partie anéantit sa fonction de garant des intérêts de ses clients.

Il semblerait que cette nouvelle forme de rémunération de l'avocat ait été générée par la réalité économique afin que les membres de la profession puissent s'adapter à des clients nombreux mais dépourvus de fonds immédiats. Il n'en reste pas moins que dans le sujet qui nous préoccupe, la simultanéité de la qualité d'avocat et d'investisseur demeure une situation déconvenue, voire même intolérable : l'acteur, protecteur privilégié des intérêts de ses clients ne peut jouer son rôle, sa qualité de partie ne pouvant se manifester qu'au détriment des intérêts en présence et de leurs titulaires.

---

[197] LA ROCHEFOUCAULD (F.), *Maximes et réflexions morales*, Maximes n° 171, 1664.

Chapitre 2. L'absence de traitement du conflit : les conséquences sur les acteurs

Lorsque l'avocat, en dépit d'un conflit d'intérêts, poursuit sa mission, il s'expose à des sanctions. (Section 1). Néanmoins, le client ne pourra se satisfaire de cette sanction, la représentation de l'avocat, en présence de conflit d'intérêts, ayant eu des conséquences directes sur son affaire, et notamment son procès. (Section 2).

Section 1. Les conséquences sur l'avocat

La conséquence directe d'un manquement à un principe déontologique se manifeste par la sanction disciplinaire. (§ 1). Mais celle-ci n'empêche pas l'avocat de garder à sa charge des intérêts antagonistes. En conséquence, et à titre d'urgence, la Cour a permis au juge des référés de contraindre l'avocat à se déporter. (§ 2).

§ 1. La sanction disciplinaire

L'article 183 du décret[198] relatif à la discipline des avocats dispose que « toute contravention aux lois et règlements, toute infraction aux règles professionnelles, tout manquement à la probité, à l'honneur ou à la délicatesse, même se rapportant à des faits extraprofessionnels, expose l'avocat qui en est l'auteur aux sanctions disciplinaires énumérées à l'article 184 ». Selon la gravité des faits, la sanction encourue sera plus ou moins sévère, allant du simple avertissement à la radiation, sans omettre le blâme ou l'interdiction[199]. A titre d'exemple, donnons comme illustration la

---

[198] Décret n° 2005-531 du 24 mai 2005 modifiant le décret n° 91-1197 du 27 novembre 1991 organisant la profession d'avocat et relatif à la discipline.

[199] Art. 184 du décret n° 91-1197 du 27 novembre 1991, modifié par le décret n° 2005-531 du 24 mai 2005, J.O.R.F. du 26 mai 2005.

condamnation à la peine du blâme de l'avocat d'une victime qui assurera la défense du prévenu[200].

La procédure disciplinaire peut être déclenchée par le bâtonnier, le procureur général ou la plainte de la personne intéressée[201]. Le bâtonnier du barreau de l'avocat mis en cause peut procéder à une enquête déontologique ou saisir directement l'instance disciplinaire qui désignera alors un rapporteur à cet effet. Lorsque l'instruction est close, le président -ou le doyen des présidents- du conseil de discipline fixera la date d'audience.

En effet, le conseil de l'ordre, siégeant en conseil de discipline, et statuant en premier ressort, a compétence exclusive des poursuites disciplinaires[202] à l'encontre des avocats. Cette décision n'est pas susceptible d'appel par le plaignant, en l'occurrence le client qui prétend qu'un conflit d'intérêts a lieu car celui-ci n'est pas partie à l'instance disciplinaire[203].

Cependant, la sanction disciplinaire constitue uniquement une « satisfaction morale »[204] pour le client. En conséquence, le ou les titulaires de l'intérêt en conflit pourront contraindre l'avocat à se déporter.

§ 2. La récusation de l'avocat : atteinte au principe de liberté de l'avocat ?

Aucun texte ne donne compétence au conseil de l'ordre d'interdire à un avocat de plaider. La Cour de cassation a donc donné au juge cette compétence, ce qui a provoqué un véritable tollé au sein de la doctrine.

---

[200] Cass. Civ. I, 14 juin 2007, n° 05-15160, inédit.

[201] Art. 187 et s. du décret susvisé.

[202] Cass. Civ. I, QPC 4 mai 2012, 12-40017, inédit.

[203] Art. 23 de la loi n° 71-1130 du 31 décembre 1971, modifiée par la loi du 11 février 2004.

[204] DU PARC (J.), Avocats et conflits d'intérêts, *Gaz. Pal.*, 24 mai 2012, n° 145, p. 73.

A. L'absence de pouvoir contraignant du bâtonnier

Le principe de liberté est un principe réciproque de l'avocat et du client. Donc, en vertu du libre choix de l'avocat, le client pourra exiger de celui-ci qu'il se décharge de l'affaire, les pièces relatives aux dossiers devant alors lui être restituées[205]. Mais en vertu du principe de libre exercice de l'avocat, celui-ci ne pourra être contraint de s'exécuter, « le bâtonnier ne pouvant faire injonction à un avocat de son barreau de se dessaisir d'un dossier »[206]. En effet, le barreau ne peut adresser d'injonctions, ni déporter d'office l'avocat[207].

En conséquence, en situation de conflit d'intérêts manifeste, l'avocat ne pourra être contraint, par ses pairs, de se déporter. Cette absence de pouvoir contraignant du bâtonnier constitue, en effet, le corollaire du principe de liberté de la profession d'avocat. Mais le Bâtonnier pourra cependant émettre un avis qui ne liera en aucun cas son destinataire.

Deux cas de figure peuvent être envisagés : d'une part, le bâtonnier n'a pas émis d'avis à l'encontre de l'avocat en cause, d'autre part, l'avis a été émis mais celui-ci n'a pas été suivi. Dans ces deux hypothèses, le client dont l'intérêt est prétendu être en conflit ne pourra pas interjeter appel du silence, de l'inaction ou de l'action inefficace du conseil de l'ordre, et cela, « bien que certains pensent que le droit au recours fondamental existe même s'il n'a pas été légalement organisé »[208].

Cette absence de pouvoir contraignant, bien que parfaitement compréhensible à l'égard du principe de libre exercice de l'avocat,

---

[205] Art. 418 du code de procédure civile : « La partie qui révoque son mandataire doit immédiatement soit pourvoir à son remplacement, soit informer le juge et la partie adverse de son intention de se défendre elle-même si la loi le permet, faute de quoi son adversaire est fondé à poursuivre la procédure et à obtenir jugement en continuant à ne connaître que le représentant révoqué ».

[206] Cass. Civ. I, 28 avril 1998, JCP G 1998, IV, 2316 : Juris-Data n° 001862.

[207] CA Paris, 9 juin 1998, *Gaz. Pal.* 17 septembre 1998, 16, note A. Damien.

[208] BLANCHARD (B.), Conflit d'intérêts entre avocat et ancien client : le juge de droit commun est compétent en cas d'inaction des autorités ordinales, *Recueil Dalloz 2002*, p. 848.

n'est pas satisfaisante eu égard aux parties dont les intérêts sont en conflit. Une solution subsidiaire a donc été adoptée.

B. La substitution du juge des référés

La Cour d'appel de Pau en 1998 a concédé compétence contraignante au juge des référés, celui-ci pouvant sommer l'avocat de renoncer à la défense de son client suite à un conflit d'intérêts. Les juges se fondent notamment sur le principe d'égalité des armes[209] : « attendu que le droit d'agir en justice est un droit fondamental reconnu tant sur le plan national qu'européen dont les éventuelles limitations doivent résulter expressément des textes législatifs ou réglementaires (…) le droit de soumettre à un juge sa contestation ne peut être refusé dès lors que cette contestation repose sur des éléments objectifs déjà évoqués –dont il reste à apprécier la pertinence- et qu'elle tend à imposer une obligation à un justiciable et non seulement à un avocat »[210].

La doctrine[211] s'exprimant sur le sujet a « considéré comme non-recevable cette décision »[212], car « il [n'appartenait] à aucune juridiction de s'immiscer dans le libre choix de l'avocat par un

---

[209] Art. 6§1 de la convention de sauvegarde des droits de l'homme et des libertés fondamentales : « Toute personne a droit à ce que sa cause soit entendue équitablement, publiquement et dans un délai raisonnable, par un tribunal indépendant et impartial, établi par la loi, qui décidera, soit des contestations sur ses droits et obligations de caractère civil, soit du bien-fondé de toute accusation en matière pénale dirigée contre elle. Le jugement doit être rendu publiquement, mais l'accès de la salle d'audience peut être interdit à la presse et au public pendant la totalité ou une partie du procès dans l'intérêt de la moralité, de l'ordre public ou de la sécurité nationale dans une société démocratique, lorsque les intérêts des mineurs ou la protection de la vie privée des parties au procès l'exigent, ou dans la mesure jugée strictement nécessaire par le tribunal, lorsque dans des circonstances spéciales la publicité serait de nature à porter atteinte aux intérêts de la justice ».

[210] DAMIEN (A.), Cour d'appel de Pau, 14 janvier 1998, *Gaz. Pal.*, 11 juillet 1998, p. 440.

[211] ADER (H.), DAMIEN (A.), *Règles de la profession d'avocat*, Dalloz 2012, Collection Dalloz-Action, n° 38.42, p. 347.

[212] MARTIN (R.), *Déontologie de l'avocat*, Litec, 10ème éd., 2008, n° 53.

client même si celui-ci est regrettable, contestable, entaché de fraude, en un mot déplorable »[213].

Nonobstant le pourvoi de l'ordre des avocats de Pau sur le moyen unique relatif au « principe de la liberté de choix d'un défenseur [...] essentiel à la garantie d'un procès équitable au sens de la Convention européenne de sauvegarde des droits de l'homme et des libertés fondamentales », la Cour de cassation a suivi les juges du fond : « Dès lors qu'elle a relevé que le bâtonnier de l'ordre, saisi de la difficulté soulevée par une partie, a rendu un avis qui n'a pas été suivi d'effet et qu'aucune poursuite disciplinaire ne s'en était suivie, une Cour d'appel déduit exactement, en l'état de cette carence, que le juge compétent pour statuer sur le conflit d'intérêts qui lui est soumis ne peut être que le juge des référés eu égard aux dispositions de l'art. 809 NCPC »[214].

Aujourd'hui, le principe d'égalité des armes permet au client dont l'intérêt est en conflit, de saisir le juge des référés pour obtenir de celui-ci qu'il contraigne l'avocat de se retirer en présence « d'un trouble manifestement illicite » [215] ou pour « prévenir d'un dommage imminent ». Concernant ce dernier critère, la Cour a d'ores et déjà précisé qu'elle ne l'apprécierait pas, sans doute parce qu'elle considère qu'il est trop lié aux faits.

La Cour de cassation fait donc clairement prévaloir le droit au procès équitable des parties sur la liberté de l'avocat : la prohibition d'actions relatives à l'existence du conflit d'intérêts est sans conteste une limite au principe de liberté de l'avocat. Mais la Cour ne va-t-elle pas au-delà de cette simple prévalence ?

En effet, cette décision constitue un véritable séisme philosophique et est, de surcroît, absolument antinomique avec un raisonnement *lege lata*. Ce raisonnement pourrait conduire « de décisions en décisions à substituer à l'avocat choisi qui ne plaît pas au tribunal, un avocat désigné dans un premier temps par le bâtonnier puis ensuite, peut-être même par le tribunal lui-même, sur

---

[213] DAMIEN (A.), Cour d'appel de Pau, 14 janvier 1998, *Gaz. Pal.*, 11 juillet 1998, p. 440.

[214] Cass. Civ. I, 27 mars 2001, n° 98-16508.

[215] Cass. Civ. I, 9 mai 2001, n° 98-18868, inédit.

refus du bâtonnier de pourvoir à la défense du client détesté de son avocat »[216]. Sans user de démagogie, ce tableau des plus sombres nous apparaît remettre en cause les valeurs déontologiques dont les magistrats sont de toute évidence imprégnés, ce qui semble excessif. Mais, la compétence octroyée au juge des référés n'en constitue pas moins une atteinte à l'indépendance du barreau et à la liberté de la défense. Malheureusement, nous n'avons pas à notre connaissance l'avis des juges de Strasbourg sur ce point, ce qui nous fait terriblement défaut.

Mais « les règles déontologiques ne sont pas assorties que de sanctions disciplinaires [...], la Cour de cassation prend donc en compte les règles déontologiques pour apprécier les fautes civiles »[217] ce qui va permettre au titulaire de l'intérêt en conflit d'obtenir réparation. Cependant, la responsabilité de l'avocat n'entraîne pas la nullité de sa mission, ce qui constitue des conséquences néfastes sur les droits de la défense des parties.

Section 2. Les conséquences sur le client et l'effectivité de sa défense

Le titulaire d'un intérêt confié à un agent qui en représentait un autre, antagoniste, subit un préjudice entraînant l'allocation de dommages et intérêts. (§1). Mais la règle déontologique violée aura-t-elle une incidence sur la validité du procès ? (§2).

§ 1. L'action en responsabilité civile

Dans sa mission de représentation, l'avocat est lié par les liens conventionnels d'un mandat *ad litem* dont l'inexécution est sanctionnée par la responsabilité civile. En effet, « représentation et assistance constituent des activités judiciaires génératrices d'obligations à l'égard du client, dont l'inexécution entraîne la responsabilité civile »[218]. Par ailleurs, son devoir de conseil, pré-

---

[216] DAMIEN (A.), Cour d'appel de Pau, 14 janvier 1998, *Gaz. Pal.*, 11 juillet 1998, p. 440.

[217] MORET-BAILLY (J.), TRUCHET (D.), *Déontologie des juristes*, PUF 2010, p. 232.

[218] MONEGER (J.), DEMEESTER (M.-L.), *Profession : Avocat*, Dalloz, 1991.

misse de toutes ses missions, est aussi sanctionné par la responsabilité civile.

En effet, l'agent qui accepterait de défendre des intérêts antinomiques ou incompatibles doit être soumis à un « régime primaire »[219] de responsabilité. Car les manquements de l'avocat sont constitutifs d'une « faute dans la gestion des intérêts de ses clients et d'une défaillance dans les rapports de confiance que l'avocat doit à son client »[220].

Mais cela suppose que le conflit d'intérêts ait engendré un préjudice ; or la preuve de celui-ci constitue une réelle difficulté pour celui qui en a la charge car la règle « se préoccupe des effets, non de la cause, [...] on évacue le problème en imposant l'administration d'une preuve souvent impossible »[221].

M. Dondero propose donc que le préjudice soit « l'atteinte portée par l'agent à l'intérêt qu'il était chargé de défendre », ou par « une perte de chance » manifestée par l'absence de connaissance d' « entrer ou de demeurer en conflit ». Mais en amont, le préjudice pourrait tout à fait être considéré comme le « défaut d'information » portant atteinte notamment à l'impératif de transparence.

Par ailleurs, dans le cadre de son activité purement juridique, l'avocat, rédacteur d'actes doit en assurer la validité sous peine de voir sa responsabilité engagée[222]. Or l'existence du conflit d'intérêts justifie d'un vice de consentement entraînant la nullité de l'acte.

Cependant, « s'il est intervenu comme rédacteur unique en qualité de conseil de toutes les parties, il ne peut agir ou défendre sur la validité, l'exécution ou l'interprétation de l'acte qu'il a rédigé,

---

[219] DONDERO (B.), Le traitement juridique des conflits d'intérêts : entre droit commun et dispositifs spéciaux, *Dalloz 2012*, p. 1686.

[220] Cass. Civ. I, 14 mars 2000, n° 97-15636, inédit.

[221] SCHMIDT (D.), Rapport introductif, les conflits d'intérêts, *RJ Com*, n° spécial 2006, p. 19.

[222] TOURNEAU (P.), *Droit de la responsabilité et des contrats*, Dalloz Action 2011.

sauf si la contestation émane d'un tiers »[223]. L'interdiction de défendre la validité de l'acte est ici incontestable.

Mais, « si l'avocat est intervenu en qualité de rédacteur unique sans être le conseil de toutes les parties [...] il peut agir ou défendre [...] sur la validité de l'acte », alors même que « l'avocat seul rédacteur d'un acte veille à l'équilibre des intérêts des parties »[224]. Les normes semblent ici équivoques et certains estiment d'ailleurs que « du fait qu'il a été l'unique rédacteur, il est devenu *ipso facto* le conseil de toutes les parties, et pas seulement de son client initial »[225].

En tout état de cause, comment l'avocat, garant des intérêts des parties peut-il, *in fine,* plaider une action en nullité fondée sur le vice de consentement dû au conflit d'intérêts ? L'avocat a rédigé l'acte avec la certitude que le conflit d'intérêts n'entrait pas dans l'obligation absolue d'abstention, et au besoin s'est acquitté de l'autorisation de ses clients. Or, en plaidant sur la validité, il reconnaît implicitement qu'il a manqué à son obligation.

En considération de notre objet, la capacité pour l'avocat de devenir rédacteur puis défenseur lui fait revêtir une qualité bicéphale antinomique de « juge et partie », générant une situation contestable, voire même intolérable : seul un nouveau défenseur pourrait être doté de « pertinence, d'objectivité et surtout d'indépendance »[226] ; la vigilance accrue devra devenir la « fidèle boussole » du barreau, et davantage encore dans les domaines protégés comme en droit de la famille.

S'agissant du droit à réparation, la preuve du préjudice reste difficile à établir. Cependant, lorsqu'une partie a été défendue dans une situation de conflit d'intérêts, pourra-t-elle obtenir la nullité de la représentation de son avocat et *in extenso,* la nullité de la procédure ?

---

[223] Art. 7.3 du RIN et art. 9 du Décret du 12 juillet 2005.

[224] Art. 7.2 du RIN.

[225] MARTIN (R.), *Déontologie de l'avocat,* Litec, 10ème éd., 2008 n° 52.

[226] LIZOP (A.), VILLACEQUE (J.), Acte d'avocat : Contreseing et conflit d'intérêts, *AJ Famille 2011*, p. 297.

§ 2. L'absence de conséquence procédurale

Nous envisagerons successivement la nullité de la représentation puis celle de la procédure.

A. L'absence de nullité de la représentation

La représentation n'est pas *stricto sensu* un acte de procédure. En effet, celle-ci « commence par une constitution et ce pendant tout le cours de la procédure par l'exécution des actes nécessaires à ladite procédure en vertu du mandat *ad litem* »[227]. En conséquence, « la violation des règles professionnelles de l'article 155 du décret de 1991 n'est pas sanctionnée par la nullité de la représentation, laquelle ne peut être prononcée sans texte en application de l'article 114 du nouveau code de procédure civile »[228].

Cependant, dans un arrêt récent, la Cour de cassation a semblé rejeter la demande de nullité de constitution d'avocat sur la simple absence de préjudice ou de faute : « Attendu qu'il résulte de l'arrêt attaqué que, pour rejeter la demande d'Ivano X..., qui invoquait l'irrégularité de la constitution de partie civile de maître Y..., agissant pour le compte de la partie civile, au motif que cet avocat était intervenu pour s'entretenir avec lui lors de sa garde à vue, la Cour relève que l'intéressé ne justifie d'aucun conflit d'intérêts qui lui serait préjudiciable ; attendu qu'en outre, aucun manquement n'a été établi à l'encontre de l'avocat de la partie civile et que la violation du secret professionnel reste à l'état d'allégation »[229]. Il est donc possible *a contrario* d'envisager qu'en présence d'un préjudice, la constitution aurait été annulée, déjouant ainsi la jurisprudence actuelle.

B. L'absence de nullité de la procédure : une atteinte au droit au juge

L'acceptation par un auxiliaire de justice d'un mandat incompatible avec son statut entraîne la nullité de la procédure car

---

[227] MARTIN (R.), *Déontologie de l'avocat*, Litec, 10ème éd., 2008, n° 41.

[228] TGI Pontoise, 3ème chambre, 2 avril 1997, *JCP* Edition Générale, n° 38, Jurisprudence 22907, note R. Martin.

[229] Cass. Crim., 13 juin 2007, n° 06-85780, inédit.

conformément aux règles de procédure civile[230], la Cour de cassation s'appuiera sur la « violation de la capacité juridique ». Mais le contrat conclu « en violation d'une règle déontologique professionnelle n'encourt pas la nullité »[231]. En conséquence, porter des enchères pour le compte de plusieurs clients n'entraîne pas la nullité des enchères[232].

Cette jurisprudence constante a été rappelée en 2011 : « les règles déontologiques prévues à l'article 7 du décret du 12 juillet 2005 pour prévenir les conflits d'intérêts entre l'avocat et ses clients ne sont pas sanctionnées par la nullité de la procédure »[233]. Pourtant, « la question n'est pas de savoir si le décret sur la déontologie prévoit des nullités de procédure -ce n'est pas son objet- mais s'il y a nullité au sens du code de procédure civile »[234], seul outil susceptible de nous éclairer. Or, selon l'article 117 du code de procédure civile, le défaut de pouvoir de la personne assurant la représentation ou le défaut de capacité entraîne *ipso facto* la nullité. Mais pour la Cour, la violation d'une règle déontologique n'affecte pas la validité de la procédure car « à supposer un tel manquement aux règles déontologiques, il ne peut constituer une incapacité d'ester en justice ou un défaut de pouvoir visé par l'article 117 du code de procédure civile invoqué »[235].

La règle du conflit d'intérêts est une règle déontologique professionnelle mais on ne peut omettre son but qui est de protéger les intérêts des clients. Elle s'impose « à l'avocat comme règle de conduite mais encore, aux justiciables et aux juges comme principe de fonctionnement d'une société de liberté fondée sur le droit »[236].

---

230 Art. 117 du C. proc. Civ.

231 Cass. Ass. Plèn., 4 mars 2005, n° 03-11725.

232 Cass. Civ. II, 13 novembre 1996, n° 94-21924, inédit.

233 Cass. Civ. I, 3 mars 2011, n° 10-14012.

234 Cass. Civ. I, 3 Mars 2011, *RTD Civil 2011*, p. 366 note P.-Y. Gautier.

235 TGI Pontoise, 3ème chambre, 2 avril 1997, *JCP* Edition Générale, n°38, Jurisprudence 22907, note R. Martin.

236 TGI Pontoise, 3ème chambre, 2 avril 1997, *JCP* Edition Générale, n°38, Jurisprudence 22907, note R. Martin.

Or comment peut-on prétendre assurer une défense effective aux parties si le juge tolère dans son hémicycle que les règles relatives à leurs intérêts, à la charge exclusive du défenseur choisi, ne soient pas respectées ? N'y a-t-il pas de manière sous-jacente une atteinte au droit au juge ?

Conclusion

La règle du conflit d'intérêts est une obligation négative à la charge de l'avocat aux fins de protéger les intérêts de ses clients d'un éventuel conflit.

L'avocat intervient en amont du conflit afin de le prévenir et cette intervention se manifeste par l'abstention ou le retrait, la règle ayant institué l'avocat comme garant des intérêts que ses clients lui confient. La cause même de notre sujet empêche donc toute éventuelle implication de l'intérêt personnel de l'avocat : on ne peut être contrôleur et contrôlé, on ne peut protéger autrui rigoureusement si l'on doit aussi se protéger soi-même.

Cependant, la notion de conflit d'intérêts est aujourd'hui utilisée dans des problématiques d'incompatibilités professionnelles relatives à des intérêts personnels, la question de l'avocat-parlementaire[237] en constituant un exemple topique. Mais il semble que ces incompatibilités soient avant tout issues des principes matriciels d'impartialité, de dignité, de conscience et surtout de probité : il est utopique de prétendre servir l'intérêt général et son intérêt personnel en même temps. Cette constatation place donc trois phénomènes étudiés à la frontière de notre objet. D'une part, l'article 55 Alinéa 3 de la loi de 1990 qui dispose que l'avocat rédacteur d'actes ne pourra exécuter une mission dans laquelle il a un intérêt personnel. D'autre part, la nouvelle forme de rémunération constituant à assimiler des stock-options à des honoraires. Et enfin, la possibilité pour l'avocat rédacteur de plaider *a posteriori* sur la validité de l'acte. Nous considérons que ces

---

[237] BAUDESSON (T.), L'interdiction totale d'exercer des fonctions d'avocat pendant un mandat parlementaire serait intenable, *La Semaine Juridique* Édition Générale, supplément au n° 52, 26 décembre 2011.

situations doivent être prohibées -ce qui est déjà le cas pour la première- par des incompatibilités fermes : « l'avocat doit rejeter l'intérêt au profit du désintéressement appelé aussi vertu » car il « porte à ses pieds les vœux et les prières du Peuple »[238].

L'avocat ne peut être conseil et partie. L'avocat ne peut être juge et partie.

En effet, les problématiques liées à l'impartialité ou aux incompatibilités sont générées par le comportement de l'acteur concerné. Or ces principes ne laissent place à aucune forme d'aménagement, ce qui est loin d'être le cas dans notre objet.

Force est de constater que la sémantique du « conflit d'intérêts » est aujourd'hui employée pour deux situations bien distinctes, ce qui la rend confuse. Or la notion de conflit d'intérêts ne concerne que les parties. Le rôle de l'avocat est d'en être le révélateur car c'est lui qui est le mieux à même de déceler le conflit d'intérêts. Sa déontologie ne peut se contenter de la délicatesse : il en va de son devoir de révéler un conflit d'intérêts.

Nous pensons qu'il serait préférable de garder la distinction terminologique initiale afin d'éviter toute confusion relative au régime. A défaut, ce qui est crucial est de distinguer la divergence de finalité.

Les incompatibilités liées aux professions, l'impartialité liée au pouvoir conféré, sont des règles qui ont pour but d'empêcher l'intérêt de l'acteur principal d'avoir une quelconque incidence sur sa mission. Son intérêt personnel ne doit pas intervenir, on le veut idéalement inexistant.

La règle du conflit d'intérêts, quant à elle, a été posée pour parer à la confrontation d'intérêts antagonistes dans une fonction ayant pour objet de les véhiculer. Elle tend, autant que faire se peut, à poser un certain nombre de limites lorsque la tâche contredit manifestement le principe de délicatesse, tout en laissant place à une solution acceptée par les parties alors même que leurs intérêts sont susceptibles de franchir la frontière du conflit à tout

---

238 ASSIER-ANDRIEU (L.), *Les avocats : Identité, culture et devenir*. Essai, Lextenso 2011, p. 123.

moment. En d'autres termes, outre les cas manifestes de conflit d'intérêts qui ne se satisferont que de l'interdiction, la règle favorise le déliement des nœuds inhérents à toute société vivante, mais avec prudence.

Distinction faite, nous poursuivrons en proposant un certain nombre de pistes sur deux points fondamentaux.

En premier lieu, l'interdiction absolue de plaider contre un ancien client est le point central de notre sujet : le secret professionnel est absolu et le temps ne peut accorder un quelconque aménagement à ce principe immuable. Néanmoins, force est de constater que les juges du fond[239], soutenus par la Cour de cassation[240], ont entamé depuis 3 ans un revirement conceptuel total en permettant à l'avocat dessaisi de défendre l'ancien adversaire.

En second lieu, lorsqu'il s'agit d'intérêts confiés simultanément, le caractère prohibitif de la règle revêt une interprétation jurisprudentielle au caractère aléatoire, ce qui ne semble pas plus satisfaisant. En effet, très stricte lorsqu'il s'agit d'un avocat unique[241], la Cour n'applique pas la même rigueur aux structures d'exercice[242].

Il nous faut oser défendre que l'interprétation de la Cour de cassation semble antinomique avec l'essence même de la règle de droit commun. Revenir sur l'interdiction absolue de plaider contre un ancien client n'est pas acceptable et ne trouve aucune justification. On ne peut qu'espérer que ce processus de dénaturation des garanties chères à la profession cesse au plus vite, car il apparaît incompréhensible.

S'agissant des tolérances de la Cour eu égard aux structures, il semblerait que la prolifération de formes d'exercice diverses ne soit pas sans incidences sur la solution donnée qui paraît être le fruit d'un compromis entre la règle et la pratique. A cet effet,

---

[239] CA Caen, 25 juin 2010, n° 10-00755.

[240] Cass. Civ. I, 3 mars 2011, n° 10-14012.

[241] Cass. Civ. I, 30 juin 1981, n° 80-15557.

[242] Cass. Civ. I, 4 février 2003, n° 98-12112, inédit.

l'égalité de traitement devra de nouveau triompher : il est interdit pour un avocat de défendre des intérêts antagonistes, il en sera de même pour toute structure ou tout membre de cette structure. Cette solution soumettrait les avocats exerçant en cabinet unique et les autres à la même discipline, ce qui aurait pour avantage non négligeable de rendre au texte sa portée initiale, qui plus est dans le respect du principe de l'égalité. Cependant, cette solution n'est pas totalement exempte de difficultés. En effet, elle pourrait laisser place à une certaine forme de perversité provoquée par la pratique de certaines entreprises qui n'hésiteront pas à solliciter les cabinets les plus réputés afin de se « réserver » l'exclusivité de la qualité de client au détriment des autres protagonistes, qui verraient alors leur liberté de choix, quant à leur défenseur, considérablement réduite. Mais à l'image du principe de libre concurrence et de prohibition de situation de monopole dans le « marché », une solution nous semble envisageable : ne serait-il pas possible de limiter les clients à un certain nombre de cabinets d'avocats, garantissant ainsi à leur potentiel adversaire le choix du leur ? Cette solution aurait le mérite de parer à un éventuel déséquilibre de liberté de choix du défenseur en droit des sociétés notamment, tout en garantissant les missions exemptes de conflit d'intérêts -cette phrase résonnant évidemment comme une utopie- ou du moins presque.

Nonobstant ces deux points, il est tout de même important de souligner que dans la grande majorité des situations pratiques, il convient de considérer que la règle de la prudence sera respectée tant d'un point de vue temporel que dans sa dimension structurelle. Mais la règle de droit n'est jamais mobilisée lorsque tout va bien, on ne le sait que trop.

Nous finirons sur un aspect essentiel d'un point de vue juridique : les conséquences du conflit d'intérêts sur le client.

Le non-respect de la règle déontologique entraîne *a posteriori* une sanction disciplinaire pour l'avocat et l'allocation de dommages et intérêts pour le client, ce à quoi on ne peut qu'acquiescer, bien que pour ce dernier, la charge de la preuve pourra générer de réelles difficultés.

Nonobstant, eu égard au titulaire de l'intérêt qui a été lésé par l'acceptation de l'avocat d'une situation de conflit d'intérêts, les solutions apportées ne semblent pas satisfaisantes.

Lorsque le conflit est décelé en cours de mission, le juge des référés remettra les parties dans la légalité en imposant à l'avocat de se déporter, mais cela au détriment de l'indépendance du barreau. Est-ce réellement le rôle du juge ? Ne serait-il pas envisageable de concéder au barreau un réel moyen de coercition manifesté par l'interdiction de plaider, par exemple ? En effet, le dispositif de la décision n'est pas contestable mais son auteur n'est pas approprié car il remet en cause toute une architecture garante de l'indépendance des barreaux. Or cette mise en balance au profit du client mais au détriment du barreau semble d'un équilibre contestable.

Par ailleurs, lorsque la mission a été effectuée en présence d'un conflit d'intérêts prohibé, celle-ci ne sera pas remise en cause, ce qui apparaît sans conteste antinomique avec le droit à un procès équitable. Comment peut-on tolérer que des parties aient été défendues par un avocat en situation de conflit d'intérêts, que celui-ci ait été provoqué par un intérêt antérieur ou simultané ? Il semble que la faute déontologique constitue un vice de procédure. A l'instar d'une Cour européenne des droits de l'Homme qui tend à imposer aux états d'accorder la consultation d'un conseil à l'aune de toute procédure, ne peut-on pas affirmer que ce dernier est indispensable pour parfaire la portée de l'article 6 de la Convention ? Or, comment peut-on tolérer qu'une défense viciée n'entraîne pas, si ce n'est la nullité de la représentation, *a minima* la nullité d'une procédure dont les parties se voulaient représentées valablement ? L'état n'est-t-il pas tenu « de réparer le dommage causé par le dysfonctionnement de la Justice »[243] ?

La prudence reste la condition *sine qua non* de l'absence de conflit d'intérêts, mais dans la réalité, nous sommes encore loin d'une société où le justiciable pourra passer la porte du cabinet de son avocat en toute ataraxie.

---

243 Art. L. 141-1 du COJ.

Annexe

Récapitulatif de l'article 4 du RIN

<table>
<tr><th>Destinataire</th><th>Domaine</th><th>Critère</th></tr>
<tr><td>Avocat (4.1al1)</td><td rowspan="5">Conseil - Représentation (4.1 al1)</td><td rowspan="5">Intérêt des clients entre eux (4.1 al1)</td></tr>
<tr><td>Avocat membre d'un groupement d'exercice (4.1 al4)</td></tr>
<tr><td>Groupement d'exercice (4.1 al4)</td></tr>
<tr><td>Avocat mettant ses moyens en commun (4.1 al4)</td></tr>
<tr><td>Avocat collaborateur + structure d'exercice (4.1al5)</td></tr>
</table>

PRINCIPE	EXONERATION
Risque sérieux de conflit	Par accord des parties (4.1 al1)
Conflit existant entre intérêts des clients	NON (4.1 al1)
Survenance d'un conflit	Par les parties + écrit (4.1 al2)
Risque de violation du secret professionnel	Par les parties + écrit (4.1 al2)
Risque d'altération du principe d'indépendance des avocats	Par les parties + écrit (4.1 al2)
Risque d'utilisation d'informations obtenues antérieurement	NON (4.1 al3)
Connaissance d'informations données par client antérieur susceptibles de favoriser le nouveau	NON (4.1 al3)

Index

Bibliographie

THESES, OUVRAGES

ADER (H.), DAMIEN (A.), *Règles de la profession d'avocat*, Collection Dalloz-Action, Dalloz 2012, 814 p.

APPLETON (J.), *Traité des professions d'avocat*, Paris Dalloz 1928, 688 p.

ASSIER-ANDRIEU (L.), *Les avocats : Identité, culture et devenir*. Essai, Lextenso 2011, 192 p.

BOUCHER D'ARGIS (A.G.), *Règles pour former un avocat*, Durand, 1778, 490 p.

CAMUS (A. G.), *Lettres sur la profession d'avocat*, Hérissant, Paris 1772, 202 p.

KARPIK (L.), *Les avocats. Entre l'état, le public et le marché, XIIIe – XXe siècle*, Paris, Gallimard, Bibliothèque des sciences humaines, 1995, 490 p.

LEUWERS (H.), *L'invention du barreau Français*. Ed. EHESS 2006, 448 p.

MARTIN (R.), *Déontologie de l'avocat*, Litec 10ème édition, 2008, 280 p.

MOLLOT, *Règles sur la profession d'avocat*, [Gallica p. 93] 1842, 607 p.

MONEGER (J.), DEMEESTER (M.-L.), *Profession : Avocat*. Dalloz 1991, 408 p.

MORET-BAILLY (J.), TRUCHET (D.), *Déontologie des juristes*, PUF 2010, 262 p.

MORET-BAILLY (J.), Déontologie, *Dictionnaire de la Justice*, 2012, 1362 p.

OGIER (C.), Le conflit d'intérêts, Thèse 2008, 678 p.

SUR (B.), *Histoire des avocats en France*, Dalloz 1997, 303 p.

TAISNE (J.-J.), *La déontologie de l'avocat*, Dalloz 6ème édition 2009, 180 p.

TOURNEAU (P.), *Droit de la responsabilité et des contrats*, Dalloz Action 2011, 1652 p.

ARTICLES, AVIS, RAPPORTS

ADER (H.), MARTIN (R.), Manifeste du 20 janvier 2009, *Recueil Dalloz 2009* p. 56.

ARRUE (J.-F.), Contradiction d'intérêts, *http://www.expertassure.com/cm/text/textci_enm.pdf*, 2007. Avocat au Barreau de Lyon.

BAUDESSON (T.), L'interdiction totale d'exercer des fonctions d'avocat pendant un mandat parlementaire serait intenable, *JCP* Édition Générale, supplément au n° 52, 26 décembre 2011.

BENABENT (A.), La réglementation de l'exercice du droit, *JCP* Edition générale n° 9, 27 février 1991.

BENALCAZAR (I. ET S.), L'avocat et le conflit d'intérêts : une notion au cœur de la déontologie et de la nouvelle économie, *PA2001109601, Petites Affiches* du 15 Mai 2001 n° 96.

BLANCHARD (B.), Conflit d'intérêts entre avocat et ancien client : le juge de droit commun est compétent en cas d'inaction des autorités ordinales, *Recueil Dalloz 2002*, p. 848.

BOCCARA (B.), Pistes sur la responsabilité des rédacteurs d'actes et conseils, *JCP* Edition Générale n° 7, 17 février 1993, I 3651.

BRUNOIS (A.), Limites du pouvoir réglementaire du Conseil de l'ordre : libre exercice de la profession, *Dalloz* 1994, p. 139.

CAHEN (B.), L'avocat face aux conflits d'intérêts, *Droit et patrimoine*, Février 1994.

CANIVET (G.), Cour de Cassation et doctrine « effets d'optique », *Mélanges J.-L. Aubert*, *Dalloz 2005*, p. 373.

COHEN (C.), Délicatesse et conflits d'intérêts, *Site du barreau d'Aix en Provence.*

COMITE ETHIQUE DE L'ORDRE DES AVOCATS A LA COUR DE PARIS, Avis du 6 juillet 2000 - Bulletin du barreau de Paris n° 28 du 10 octobre 2000.

CONSEIL NATIONAL DU BARREAU, *JCP* Edition Générale n° 1, 6 janvier 1993, act 100005.

DANET (G.), Le renouvellement du CNB consolidera la nouvelle profession d'avocat, *JCP* Edition générale n° 20, 15 mai 1996, I 3930.

DEMEESTER (M.-L.), Avocat (règles déontologiques), *Répertoire de Droit civil* Décembre 2004.

DONDERO (B.), Le traitement juridique des conflits d'intérêts : entre droit commun et dispositifs spéciaux, *Dalloz* 2012, p. 1686.

DOKHAN (D.), Le Conseil d'Etat, garant de la déontologie des magistrats de l'ordre judiciaire, *RFDA* 2002, p. 768.

DU PARC (J.), Avocats et conflits d'intérêts, *Gaz. Pal.*, 24 mai 2012, n° 145, p. 73.

FARTHOUAT (J.-R.), La déontologie française du conflit d'intérêts, *Site de la fédération des barreaux d'Europe* : www.fbe.org/IMG/pdf/Report_Jean-Rene_Farthouat-5.pdf.

FRISON-ROCHE (M.-A.), Déontologie et discipline, *in Les professions libérales*, collection H. Capitant, LGDG 1998, p. 103.

GAUTIER (P.-Y.), *RTD* Civil 2011, p. 366.

HAUSER (J.), Les devoirs de l'avocat unique dans le divorce sur requête conjointe, *RTD* Civil 1993, p. 331.

HAUSER (J.), L'avocat, le mari et l'amant, *RTD Civil* 1997, p. 403.

HIRSCH (M.), Les conflits d'intérêts non gérés ruinent la démocratie, *JCP* Édition Générale, supplément au n° 52, 26 décembre 2011.

LEMPEREUR (A.), SCODELLARO (M.), Conflits d'intérêts économiques entre avocats et clients : la question des honoraires, *Dalloz* 2003.

LIZOP (A.), VILLACEQUE (J.), Acte d'avocat : Contreseing et conflit d'intérêts, *AJ Famille 2011*, p. 297.

LIZOP (A.), VILLACEQUE (J.), La peau du Roseau, *Gaz. Pal.*, 16 novembre 2010, n° 320.

MARTIN (R.), Du règlement intérieur des ordres d'avocats ; *JCP* 13 octobre 1999.

MARTIN (R.), La confidentialité des correspondances entre avocats adverses, *JCP* Edition générale n° 38, 21 septembre 1994, I 3787.

MARTIN (R.), Droit de la profession d'avocat, *JCP* Edition Générale n° 10, 4 mars 1998, I 115.

MARTIN (R.), Droit de la profession d'avocat, *JCP* Edition Générale n° 36, 2 septembre 1998, I 159.

MARTIN (R.), L'avocat et la délicatesse de l'honneur, GP20000801004, *Gaz. Pal.*, 30 juillet 2000, n° 214, p. 2.

MOLFESSIS (N.), Conflits d'intérêts : vers un changement de culture, *JCP* Édition Générale, supplément au n° 52, 26 décembre 2011.

MORET-BAILLY (J.), Définir les conflits d'intérêts, *Dalloz* 2011, n° 22, p. 1101-1106.

PIWNICA (D.), L'avocat face au divorce : quelle déontologie ?, *AJ Famille 2004*, p. 344.

RONDEAU-RIVIER (M.-C.), L'alibi du vide-juridique, *Economie et Humanisme*, n° 318, juillet-septembre 1991.

SCHMIDT (D.), Les associés et les dirigeants sociaux, *Mélange : Les conflits d'intérêts dans le monde des affaires, un Janus à combattre,* PUF, Ceprisca, 2006, p. 11.

SCHMIDT (D.), Rapport introductif, les conflits d'intérêts, *RJ Com*, n° spécial 2006, p. 19.

SOUSI (S.), Les conventions conclues entre une association et ses administrateurs, *JCP* Edition Générale n° 4, 23 janvier 1991, I 3485.

TAISNE (J.-J.) ET DOUCHY-OUDOT (M.), répertoire de procédure civile, *Dalloz 2013*, n° 445 à 461.

REVUES

Les mouvements du droit face aux conflits d'intérêts, *JCP* Edition Générale, supplément au n° 52, 26 décembre 2011.

Revue de Droit Fiscal n° 22, 9 juin 1993, comm. 1155.

NOTES ET ARRETS

- **Arrêts commentés de la Cour de cassation**

Cour de cassation 30 juin 1981, *1er cahier de jurisprudence, Dalloz 1982*, p. 165, note A. Brunois.

Cour de cassation, 1ère chambre civile, 28 avril 1998, n° 95-22242, *Gaz. Pal.* 28 aout au 1er septembre 1998, p. 11.

Cour de cassation, 1ère chambre civile, 23 novembre 2004, n° 03-14763, *Dalloz 2005*, n° 41, note J. Moret-Bailly.

Cour de cassation, 1ère chambre civile, 3 Mars 2011, *RTD Civil 2011*, p. 366 note P.-Y. Gautier.

- **Arrêts non commentés de la Cour de cassation**

Cour de cassation, Chambre des requêtes 19 janvier 1898, Dalloz 1898,1, 80.

Cour de cassation, 1ère chambre civile, 30 juin 1981, n° 80-15557.

Cour de cassation, 1ère chambre civile, 16 juillet 1987, n° 85-15092.

Cour de cassation, 1ère chambre civile, 20 janvier 1993, n° 91-15548, Dalloz 1993, p. 35.

Cour de cassation, chambre commerciale, 19 octobre 1993, n° 91-15795.

Cour de cassation, 2ème chambre civile, 13 novembre 1996, n° 94-21924, inédit.

Cour de cassation, 1ère chambre civile, 29 avril 1997, *JCP,* 1997, II, 22948.

Cour de cassation, 1ère chambre civile, 28 avril 1998, *JCP G* 1998, IV, 2316 : Juris-Data n° 001862.

Cour de cassation, 1ère chambre civile, 14 mars 2000, n° 97-15636, inédit.

Cour de cassation, 1ère chambre civile, 27 mars 2001, n° 98-16508.

Cour de cassation, 1ère chambre civile 9 mai 2001, n° 98-18868, inédit.

Cour de cassation, 1ère chambre civile, 26 novembre 2002, n° 00-18971.

Cour de cassation 1ère chambre civile, 21 janvier 2003, n° 01-03324, inédit.

Cour de cassation, 1ère chambre civile, 4 février 2003, n° 98-12112, inédit.

Cour de cassation, 1ère chambre civile, 23 septembre 2003, n° 00-18972, inédit.

Cour de cassation, 1ère chambre civile, 18 novembre 2003, n° 01-00492, inédit.

Cour de cassation, chambre criminelle, 2 mars 2004, n° 03-85.295, inédit.

Cour de cassation, 1ère chambre civile, 28 septembre 2004, n° 02-17780, inédit.

Cour de cassation, Assemblée plénière, 4 mars 2005, n° 03-11725.

Cour de cassation, Assemblée plénière, 13 avril 2007, n° 06-19613.

Cour de cassation, Chambre criminelle, 13 juin 2007, n° 06-85780, inédit.

Cour de cassation, 1ère chambre civile, 14 juin 2007, n° 05-15160, inédit.

Cour de Cassation, 1ère chambre civile, 24 septembre 2009, n° 08-14542, inédit

Cour de cassation, 1ère chambre civile, 3 mars 2011, n° 10-14012.

Cour de cassation, 1ère chambre civile, QPC 4 mai 2012, n° 12-40017, inédit.

Cour de cassation, 1ère chambre civile, 31 octobre 2012, n° 11-15529.

Cour de cassation, chambre criminelle, 20 juin 2013, n° 13-84177.

- **Décisions commentées des Cours d'appel**

Cour d'appel de Paris, 19 janvier 1953, *Gaz. Pal.* 1923, 1, 99.

Cour d'appel de Colmar, 8 juillet 1974, *Gaz. Pal.* 1975, p. 2530, note A. Damien.

Cour d'appel de Versailles 25 Mars 1981, *Gaz. Pal.* 1981 Mai-Juin, 101ème année, n° 3, p. 369, note A. Damien.

Cour d'appel d'Aix-en-Provence, 24 octobre 1983, *Gaz. Pal.* 1984, p. 186, note A. Damien.

Note sous l'arrêt du 25 mai 1990, *JCP* 11 juillet 1990, Jurisdata n° 1990-605104.

Cour d'appel de Montpellier, Assemblée plénière, 25 Mai 1990, *Gaz. Pal.*, 6 Novembre 1990, p. 623 Note A. Damien.

Cour d'appel de Montpellier, Assemblée plénière, 25 Mai 1990, *Gaz. Pal.*, 5 Novembre 1990, 308-310, Jurisprudence 12, note R. Martin.

Cour d'appel de Paris, 30 mars 1994, *Gaz. Pal.* 23 Aout 1994, note A. Damien.

Cour d'appel de Versailles, 14ème chambre, 17 septembre 1997, *JCP* Edition Générale, n° 42, Jurisprudence 22928, note R. Martin, Jugement confirmatif du Tribunal de Pontoise.

Cour d'appel de Pau, 14 janvier 1998, *Gaz. Pal.*, 11 juillet 1998, p. 440, note A. Damien.

Cour d'appel de Paris, 9 juin 1998, *Gaz. Pal.* 17 septembre 1998, 16, note A. Damien.

- **Décisions non commentées des Cours d'appel**

Cour d'appel de Montpellier, Assemblée plénière, 25 Mai 1990, *JCP* Edition Générale n° 27, 11 juillet 1990, act. 101630 - Jurisdata n° 1990-605104.

Cour d'appel de Chambéry, 12 novembre 1992, Jurisdata n° 050602.

Cour d'appel de Caen, 25 juin 2010, n° 10-00755.

Cour d'appel de Paris, 12 avril 2012, n° 11/18266.

- **Autres juridictions**

Tribunal de Grande Instance de Pontoise, 3ème chambre, 2 avril 1997, *JCP* édition Générale, n° 38, Jurisprudence 22907, note R. Martin.

Conseil d'état, 5 octobre 2007, n° 282321.

Cour de Justice des Communautés européennes, Conclusions de l'avocat général Tesauro, 3 juin 1992, C-69/91 www.publications.europa.eu .

Cour Européenne des droits de l'homme, Cantoni c. France, arrêt n° 17862/91, 15 juin 1996, Recueil des arrêts et décisions 1996-V, § 35.

Table des matières

Questions juridiques

aux éditions L'Harmattan

Dernières parutions

DROIT (LE) DE L'EXÉCUTION DES PEINES
Espoirs ou désillusions ?
Sous la direction de Fabienne Ghelfi
Les contributions proposent une analyse du droit actuel de l'exécution des peines et apportent une réflexion pertinente sur la mise en œuvre de ce droit. La promotion des aménagements de peine, comme le bracelet électronique ou la libération conditionnelle, est-elle une solution appropriée ? Est-il opportun de faire sortir les condamnés avant l'heure, sachant qu'ils ne sont pas suffisamment suivis ? Le juge d'application des peines et le ministère public sont-ils en mesure de prendre les «bonnes décisions» ?
(Coll. Droit privé et sciences criminelles, 17.50 euros, 160 p.)
ISBN : 978-2-343-03378-5, ISBN EBOOK : 978-2-336-35313-5

MÉDECINE (LA) À L'ÉPREUVE DU RISQUE PÉNAL
Sous la direction de Lina Williatte-Pellitteri
L'exercice médical offre un fort potentiel de contentieux pénal. Ce potentiel, les professionnels du droit comme les professionnels de la santé en ont conscience. Les premiers dénoncent l'absence de procédure pénale propre au monde de la santé, les seconds dénoncent une justice qu'ils ne comprennent pas. Le contexte rendant difficile une discussion efficace et constructive, ces réflexions s'efforcent de renouer le dialogue et de construire une communication intelligible pour tous.
(Coll. Droit, Société et Risque, 13.50 euros, 126 p.)
ISBN : 978-2-343-00774-8, ISBN EBOOK : 978-2-336-35266-4

PAIEMENT (LE)
Responsables scientifiques : Marc Mignot et Jérôme Lasserre Capdeville
En droit, la notion de paiement est un thème récurrent, que ce soit en droit civil, en droit des affaires, en droit bancaire ou encore en droit des procédures collectives. Comme le paiement est un acte économique avant d'être un acte juridique, plusieurs contributions sont consacrées à ce qu'un juriste peut considérer comme sa dimension matérielle. Le présent ouvrage contribue à dévoiler quelques-uns des secrets de l'acte de paiement. Il étudie les délais de paiement, les usages des instruments de paiement et les moyens de paiement.
(Coll. Droit privé et sciences criminelles, 31.00 euros, 300 p.)
ISBN : 978-2-343-03983-1, ISBN EBOOK : 978-2-336-35322-7

CONCILIATION ET MÉDIATION PRUD'HOMALES
Collectif GEMME-France
À l'initiative du Groupement européen des magistrats pour la médiation, conseillers prud'hommes, juges départiteurs, magistrats des cours d'appel et de la Cour de cassation ainsi que syndicalistes dressent ici un état des lieux et lancent des pistes de réflexion pour améliorer la qualité et l'efficacité de l'institution prud'homale. La question de la médiation prud'homale y est abordée avec les débats qu'elle suscite.
(12.00 euros, 108 p.)
ISBN : 978-2-343-00955-1, ISBN EBOOK : 978-2-296-53756-9

INTELLIGENCE (L') TERRITORIALE, UNE NÉCESSITÉ
Fath Bernard
Préface de Gérard Marcou
L'enjeu majeur pour les années à venir serait pour les collectivités territoriales de se doter des moyens propres à imaginer leur futur. Cependant l'État retire son ingénierie des territoires et s'ouvre sur les privatisations concurrentielles... Des solutions s'imposent, l'intelligence territoriale apparaît comme une hypothèse nécessaire pour impulser un futur mis en prospective. Le monde local foisonne d'initiatives propres à donner corps à l'intelligence territoriale.
(Coll. Grale, 27.00 euros, 274 p.)
ISBN : 978-2-343-00778-6, ISBN EBOOK : 978-2-296-53772-9

MARCHÉS (LES) PUBLICS À PROCÉDURE ADAPTÉE
Entre liberté et contrainte pour les collectivités territoriales
Ravignot Béatrice
Cette étude met en évidence les limites de la liberté octroyée aux pouvoirs adjudicateurs par le Code des marchés publics, dans le cadre de la conclusion de marchés à procédure adaptée. Du lancement de la procédure jusqu'au choix de l'attributaire et ses conséquences, les collectivités territoriales restent en effet soumises à des contraintes formelles ou procédurales, qui sont souvent identiques ou proches de celles existant dans le cadre des procédures formalisées.
(Coll. Master Collectivités territoriales et politiques publiques, 16.50 euros, 162 p.)
ISBN : 978-2-343-00223-1, ISBN EBOOK : 978-2-296-53768-2

FRANCE INTERCOMMUNALE (LA)
Regards sur la loi de réforme des collectivités territoriales du 16 décembre 2010
Sous la direction de Pierre-Yves Monjal et Vincent Aubelle
Les communautés de communes, d'agglomération et urbaines et autres métropoles, ne vont-elles pas porter un coup définitif à l'organisation décentralisée de la République ? La France n'est-elle pas sur le point de changer de mode de gouvernance locale en recourant à des procédés politiques et juridiques fondés sur les notions de mutualisation, de territoire pertinent, de développement, de communautarisation ?
(Coll. Grale, 39.00 euros, 406 p.)
ISBN : 978-2-336-29370-7, ISBN EBOOK : 978-2-296-53725-5

TRAITEMENT DES RESPONSABILITÉS CIVILE ET PÉNALE
Approche comparée en droit français et iranien
Nory Yoshanloey Jafar
La distinction contemporaine n'a pu empêcher le rapprochement pratique des responsabilités civile et pénale tant en droit français qu'iranien. Il apparaît qu'à la fonction réparatrice de la responsabilité civile peut s'additionner une fonction punitive qui s'incarnerait dans «la peine privée», et à la fonction répressive de la responsabilité pénale une fonction réparatrice appelée «restitution pénale». Ces deux modes de responsabilité doivent se rejoindre dans une cohérence juridique afin que la justice soit rendue avec une dimension sociale.
(Coll. Sciences criminelles, 35.00 euros, 348 p.)
ISBN : 978-2-336-29122-2, ISBN EBOOK : 978-2-296-53750-7

JACQUES VERGÈS
Un aristocrate de refus
Charvin Robert
Préface de Hervé de Charette
J. Vergès, avocat des causes difficiles, ne laisse personne indifférent. Il est l'ennemi de certains ayant fait son procès dans quelques mauvais livres mais l'ami des simples gens, l'encourageant à combattre encore et toujours les puissants. Sa vie est un roman, mais il n'est pas question de faire un roman de sa vie : il conserve son mystère comme tout homme dans sa complexité. Un avocat qui possède en lui des éléments de dignité, qui a dévoré sa vie avec sincérité.
(13.50 euros, 120 p.)
ISBN : 978-2-343-00533-1, ISBN EBOOK : 978-2-296-53645-6

SANG (LE) ET L'ENCRE
Et si Christian Ranucci était innocent ?
Le Meur Yann
Christian Ranucci, 22 ans, est guillotiné le 28 juillet 1976 à Marseille pour l'enlèvement et le meurtre d'une fillette de 8 ans. De la fin de l'instruction au pied de l'échafaud, où il demande à ses avocats de le réhabiliter, il a toujours clamé son innocence. S'appuyant sur des contre-enquêtes relatives à l'affaire, le dossier pénal et de longues investigations documentaires et de terrain, ce livre aboutit à des conclusions, toutes dans le sens de l'innocence de Ranucci.
(29.50 euros, 302 p.)
ISBN : 978-2-343-00604-8, ISBN EBOOK : 978-2-296-53558-9

IMMIGRÉ (L') ET LA GESTION DU PATRIMOINE
Loubassou Nganga Maixent
Cet ouvrage met à la disposition des personnes qui viennent d'arriver en France et qui ne connaissent pas l'environnement fiscal, juridique, bancaire et financier français, des outils indispensables pour une gestion optimale de leur patrimoine : choisir le meilleur régime matrimonial, organiser ou réorganiser de façon optimale leurs placements, trouver des produits de défiscalisation adaptés, choisir le meilleur placement immobilier.
(Coll. Pour Comprendre, 12.00 euros, 106 p.)
ISBN : 978-2-336-30090-0, ISBN EBOOK : 978-2-296-53639-5

ADMINISTRATION PÉNITENTIAIRE ET JUSTICE
Un siècle de rattachement
Sous la direction de Paul Mbanzoulou et François Dieu
Depuis le décret du 13 mars 1911, l'administration pénitentiaire est rattachée au ministère de la Justice. Au-delà de l'éclairage historique, qui occupe une place notable dans cet ouvrage, les contributions réunies ici examinent le positionnement actuel de l'administration pénitentiaire, ainsi que ses perspectives d'évolution à la lumière de quelques expériences étrangères.
(Coll. Criminologie, 26.00 euros, 256 p.)
ISBN : 978-2-343-00412-9, ISBN EBOOK : 978-2-296-53667-8

DÉMOCRATIE (LA) LOCALE À LA RECHERCHE D'UN NOUVEAU SOUFFLE
Marceau Anne
Préface de Gérard Marcou
Comment peuvent se concilier démocratie représentative et démocratie participative ? La multiplication des procédures de consultation ne nuit-elle pas à leur efficacité ? Quels seront les acteurs de la démocratie locale demain : les élus, les citoyens, les habitants, les usagers ? Les outils de démocratie locale mis en place ces dernières années constituent-ils un véritable renouveau ou apparaissent-ils comme le simple rhabillage de formules anciennes ?
(Coll. Grale, 32.00 euros, 308 p.)
ISBN : 978-2-343-00118-0, ISBN EBOOK : 978-2-296-53527-5

CONSEIL (LE) DES DROITS DE L'HOMME ET SES PRINCIPAUX MÉCANISMES
Bilan et perspectives d'actions pour le Burkina Faso à l'entame de son second mandat de membre
Merindol Ouoba Clarisse
Le Conseil des droits de l'homme a remplacé la Commission des Nations unies aux droits de l'homme. Cet ouvrage contribue à la dynamique de promotion et de protection de ces droits, notamment à travers les actions entreprises par cet important organe du système des Nations unies, dont le Burkina Faso est membre depuis 2008. L'auteur apporte un regard personnel sur les quatre années de présence de ce pays en son sein.
(14.50 euros, 142 p.)
ISBN : 978-2-336-29180-2, ISBN EBOOK : 978-2-296-53513-8

L'HARMATTAN ITALIA
Via Degli Artisti 15; 10124 Torino

L'HARMATTAN HONGRIE
Könyvesbolt ; Kossuth L. u. 14-16
1053 Budapest

L'HARMATTAN KINSHASA
185, avenue Nyangwe
Commune de Lingwala
Kinshasa, R.D. Congo
(00243) 998697603 ou (00243) 999229662

L'HARMATTAN CONGO
67, av. E. P. Lumumba
Bât. – Congo Pharmacie (Bib. Nat.)
BP2874 Brazzaville
harmattan.congo@yahoo.fr

L'HARMATTAN GUINÉE
Almamya Rue KA 028, en face du restaurant Le Cèdre
OKB agency BP 3470 Conakry
(00224) 60 20 85 08
harmattanguinee@yahoo.fr

L'HARMATTAN CAMEROUN
BP 11486
Face à la SNI, immeuble Don Bosco
Yaoundé
(00237) 99 76 61 66
harmattancam@yahoo.fr

L'HARMATTAN CÔTE D'IVOIRE
Résidence Karl / cité des arts
Abidjan-Cocody 03 BP 1588 Abidjan 03
(00225) 05 77 87 31
etien_nda@yahoo.fr

L'HARMATTAN MAURITANIE
Espace El Kettab du livre francophone
N° 472 avenue du Palais des Congrès
BP 316 Nouakchott
(00222) 63 25 980

L'HARMATTAN SÉNÉGAL
10 VDN en face Mermoz, après le pont de Fann
BP 45034 Dakar Fann
33 825 98 58 / 33 860 9858
senharmattan@gmail.com / senlibraire@gmail.com
www.harmattansenegal.com

L'HARMATTAN BÉNIN
ISOR-BENIN
01 BP 359 COTONOU-RP
Quartier Gbèdjromèdé,
Rue Agbélenco, Lot 1247 I
Tél : 00 229 21 32 53 79
christian_dablaka123@yahoo.fr

Achevé d'imprimer par Corlet Numérique - 14110 Condé-sur-Noireau
N° d'Imprimeur : 111559 - Dépôt légal : septembre 2014 - *Imprimé en France*

www.ingramcontent.com/pod-product-compliance
Lightning Source LLC
LaVergne TN
LVHW051359061026
849535LV00009B/3262

9782343035901